内定ブルーをふきとばせ！

もうすぐ
銀行員になる大学生の
不安と悩みにこたえる本

金指光伸

近代セールス社

はじめに

この本を手にしている皆さんは、おそらく、第一志望群だった金融機関から内定をもらい、残り少ない大学生としての日々を過ごしていることと思います。

まずは、内定おめでとうございます！

どんなに「売り手市場」といわれていても、就活中は不安でいっぱいだったことでしょう。早くからインターンシップに参加し、企業分析、自己分析にも熱心に取り組み、ＳＰＩやグループディスカッション、面接で良い評価を得たから、志望していた企業で働く権利を手にされたのだと思います。

そんな皆さんには、人生最高の「楽しい日々」が広がっていて当然です。


しかし、ここ数年、「内定ブルー」に陥る学生さんが急増しています。

私は数年前まで、地方銀行で採用を担当しており、30以上の大学のキャリアセンターを訪問していました。そのキャリアセンターでは、「内定をもらって報告に来るときはとてもうれしそうなのですが、しばらくすると、暗い顔をして『本当にこの会社でいいのか分からない』『やっていく自信がない』などと言ってくる学生が多くいます」といった話を聞きました。「そういう学生を集めますから、一度、話をしてくれませんか？」と、真剣に依頼されたこともありました。

3社からも4社からも内定をもらっているのに就活を続ける学生さんや、第一志望の企業の内定をもらったのに就活を続ける学生さんも増えています。

キャリアセンターの方の話によれば、「就職先を決めてしまうのが怖いので、結論を先送りしている面もある」のだそうです。就活を続けていれば、「社会人になる」不安から逃げることができるというのです。

私は大学で教壇にも立っていますが、そこでも、年が明けると、4年生の表情がどんどん暗くなっていくのが分かります。皆さんはいかがでしょうか？

本書は、内定ブルーになっている方、なりそうな方のために書きました。かといって、安心を安売りするような内容ではありません。不安はあって当然です。

大学のキャリアセンターの担当者や、内定先企業の人事担当者がサポートして軽くするべき不安もありますが、皆さんが皆さん自身の力で軽くしなければならない不安もあります。この本は、そのお手伝いをします。

なお、本書では「銀行」という言葉を、信用金庫や信用組合といった、銀行以外の地域金融機関を含めて使っています。

もうすぐ地域金融機関の一員となる皆さんが、最後の学生生活を楽しく過ごせるように、そして、社会人としてよいスタートが切れるように、この本がお役に立てれば最高です。

金指光伸

目次

はじめに　2

第1章　銀行という職場を選んだ皆さんへ5つのメッセージ

1　不安は誰にでもある。ひとつひとつ自信をつけていこう！　10
2　地域経済を支えていくという気概を持とう！　15
3　経験することすべてが君の力になる。どんなことにも積極的に挑戦しよう！　21
4　銀行は変わりつつある。若い力を存分に発揮しよう！　26
5　地方で働くことのメリットを活かそう！　31

第2章　希望をもって4月を迎えるための入行までの過ごし方

1 どんな勉強をしておけばいいのか 36
2 一般的に入行前研修ではどんなことをするのか 46
3 入行前研修ではどんな点に注意をすればいいのか 55
4 学生としてどんな経験をしておけば入行後役に立つか 65
5 日経新聞はどう読んでおけばいいか 74
6 読んでおいたほうがいいおすすめの本 85

第3章 銀行員としての姿をイメージできる！入行後の流れと動き方

1 入行後の研修ではどんなことをするのか 94
2 配属された部署にはどういう意図があるのか 106
3 一般的にどのくらいで現場に出て、どんな仕事をするのか 114
4 順調な昇格といえる目安はどのくらいか 122
5 早く一人前になるにはどんな努力が必要か 128
6 銀行員としてどんな心構えを持てばいいのか 134

第4章 Q&A あなたの不安や疑問を徹底解消！

Q1 実は、他の業種・同業他社とまだ迷っています…。 144
Q2 銀行員として自分がやっていけるのか、なんとなく不安です。 146
Q3 いじわるな先輩や上司はいませんか？ 148
Q4 お休みはきちんと取れますか？ 150
Q5 どのくらい忙しいのですか？ 残業はありますか？ 152
Q6 お給料はどのくらいですか？ 154
Q7 資格試験の勉強で大変と聞きますが…。 156
Q8 半沢直樹の世界って、どこまでが本当なのですか？ 158
Q9 出世コースの人は入社時から決まっていると聞きますが、本当ですか？ 160
Q10 髪型や服装はどこまで自由にしてよいのですか？ 162
Q11 文学部出身で経済のことはよく分かっていないのですが…。 164
Q12 英語はどこまで必要ですか？ 166
Q13 人員削減が進められていると聞き、将来が不安です…。 168

Q14 銀行の収益力が落ちていると聞きますが、大丈夫ですか？ 170
Q15 銀行特有の文化や常識ってありますか？ 172
Q16 女性が働きやすい職場ですか？ 昇進はできますか？ 174
Q17 結婚・子育てをしながら働けますか？ 176
Q18 入行してすぐ結婚しても問題ないですか？ 178
Q19 やりがいはどんなところにありますか？ 180
Q20 離職率が高い業種と聞くけど、どうしてですか？ 182
Q21 教えてくれる先輩と気が合わない場合はどうしたらいいですか？ 184
Q22 職場の雰囲気がギスギスしているという噂を聞き、心配しています。 186
Q23 目標数字が達成できるかどうか不安です。 188
Q24 ミスをした場合はどうしたらいいのでしょうか。 190
Q25 希望している部署に配属してもらうことはできるのですか？ 192
Q26 社交性に自信がなく、お客様とうまく雑談ができるか不安です。 194
Q27 企業を育てる仕事がしたくて銀行を選びましたが、そうした部署に入れますか？ 196
Q28 ＦＰ資格を活かした業務がしたいのですが、可能ですか？ 198

第1章

銀行という職場を選んだ皆さんへ5つのメッセージ

1 不安は誰にでもある。ひとつひとつ自信をつけていこう！

皆さんは今「4月から銀行で働くことができる権利」を得て、残り少ない大学4年生としての毎日を送っている方々です。傍《はた》からは、人生で一番楽しいバラ色の時代を謳歌しているように見えます。

大学では最上級生ですし、バイト先でも頼りにされているはずです。慕ってくれる可愛い後輩もいるかもしれません。卒論の心配はありますが、バイトで貯めたお金で卒業旅行に行く計画もきっとあるでしょう。

それらはすべて、皆さんが自分の力で手に入れたものです。

しかし、私が接してきた多くの内定者の中には、実は大きな不安を抱えている人が多くいました。それは、社会に出ることへの漠然とした不安です。

「厳しいこの世の中で、果たしてやっていけるのだろうか?」「就職先は○○銀行でよかったのか?」――皆さんもおそらく、そんな不安でいっぱいなのではないでしょうか。

不安は、放っておくとどんどん大きくなります。「周りにいる人たちは自信満々に見える。こんな不安を感じるのは私だけなのではないか」という思いが不安をより大きくします。

しかし、安心してください。不安なのはあなただけではありません。今は立派そうに見える先輩たちもみんな同じ不安を抱えていました。

頭取も、人事部長も、採用担当者も、はじめはみんな「内定者」でした。そして、今あなたが感じている不安は、その人たちもまたほとんど例外なく「通ってきた道」なのです。

そして、皆さんの同級生、あるいは同じ銀行に入る同期たちも、今同じ不安を抱えているはずです。明日が入行式という日の夜、あなたが寝付けない時、同じように寝付けないでいるのが同期です。

「早く4月が来ないかなぁ。わくわくする」なんて人はめったにいません。ですから、不安を感じて当たり前です。なぜなら、皆さんは、幼稚園の時から今まで、人生のほとんどを「生徒、学生」という身分で過ごし、社会人になった経験がないからです。つまり、「やったことがないから分からない。分からないから不安」というのが、皆さんが抱えている不安の正体なのです。

もし「朝、早く起きられる自信がない」「面接では、銀行に入ったら○○の仕事がしたいと言ったけれど、実際には、銀行がどんな仕事をするところかあまり分かっていない」といった不安であれば、具体的ですから、今から生活習慣を変えたり、銀行について調べるなどの方法で緩和することができます。2月か3月に行われる内定者研修や、入行してからの新入行員研修はまさに、そういう不安を軽くするためのものです。

しかし、「私は果たして、銀行員としてやっていけるのだろうか?」といった漠然とした不安は、対策が打ちにくいものです。ですから、「今まで慣れ親しんだ学生生活から未知の社会人生活に変わるのだから、不安を感じるのは当たり前」ということと、「同期も同じ気持ちでいるんだ」ということ、「入行する銀行の先輩たちも、同じような不安を抱えていたんだ」ということ、つまりは「私だけじゃない」という安心感をお腹の中に持って、どっしり構えるとよいと思います。「私なら、きっとやれる」と、自分を信じてあげてください。

不安を「成長の原動力」に変えてみよう

皆さんは、1年前の今頃、就職活動の不安を抱えていたはずです。いくら売り手市場と言われていても、就活を始める段階では、「自分にどんな業界が向いているのか分からない」「内定がもらえなかったらどうしよう」「志望企業に入れるだろうか」と、大きな不安を抱えていたと思います。しかし、見事、銀行の内定を得ることができました。不安をモチベーションに変えて、内定を得るという成功体験をしたばかりなのです。

考えてみれば、大学受験の時も、「××大学に入りたいけれど、今のままでは入学試験で落ちてしまうかもしれない」という不安を感じて、一生懸命受験勉強したから、今の大学に合格できたのではないでしょうか。クラブ活動やサークル、ゼミ、バイトでも、不安があるから練習したり、努力したりして、成果を収めた経験があるのではないでしょうか。つまり、皆さんは今までの人生で、不安をモチベーションに変えて、成功体験を得たことが何回もあるのです。

スポーツ選手のインタビューなどで、「不安をばねにして、毎日○時間の練習をし、金メダルをとった」といったコメントがあるように、不安は「ばね」にもなります。だったら、今感じている不安だってきっと、皆さんを成長させる原動力に変わるはずです。自分を信じてあげましょう。


銀行の人事の人は、皆さんが「入行してやっていける」と判断したから内定を出しました。そのプロの眼を信じましょう。不安と戦うのもよし、不安と友達になるもよし。これからの人生で、不安は形を変えて、何回も皆さんの心に入ってきます。でも、不安があるから頑張れるのです。

スポーツでも、社会でも、成功している人は、不安をモチベーションに変えていきます。社会人生活は長いので、一つひとつ、ゆっくりと、しかし着実に自信を付けていきましょう。この本は、そんな皆さんを応援するためのものです。

2 地域経済を支えていくという気概を持とう！

あなたは、エントリーシートの志望動機にどのようなことを書いたでしょうか？おそらくは、「生まれ育ったこの町が好きで、この町に貢献したい」とか「この地域の企業や人を元気にしたい」といった思いを表現したのではないかと思います。地方銀行や信用金庫はまさに、皆さんが思い描いたとおり、地域貢献ができ、自分を成長させることのできる職場です。改めて、皆さんは良い選択をしたと思います。

志望動機を決して忘れず「働く理由」に

地方は今、人口減少という共通の課題を抱えています。少子化による自然減だけでなく、首都圏や関西圏の大学に進学した大学生が、そのまま首都圏等で就職して戻ってこないことが要因の社会減も大きくなっています。

地元大学への進学を増やすために、首都圏の大学は今後10年間、定員を増やすことができないというルールも制定されました。Uターン就職を増やすために、地元企業に就職した場合には減免となる奨学金や交通費支給の制度を設ける行政の動きも見られます。

もちろん、企業を誘致したり、外国人観光客を増加させるといった取組みも行われています。それらの取組みはすべて、現在大きなテーマとなっている「地方創生」につながっています。その担い手が、「産学官民金」と言われるように、行政であり、大学であり、金融機関となっています。


とりわけ、地域金融機関には、「地元を元気にする」ことが期待されています。具体的には、地元の企業を育て、伸ばし、守ることです。金融機関が融資をすることによって企業が活性化し、しっかりと利益を上げる——この活動により、新たな雇用が生まれることや、納税額が増えることが期待できます。その企業が、来年も、再来年も、10年後も採用を続け、さらには採用人数を増やすことができれば、Uターンを考える若者が増える可能性があります。

「地域経済が良くないのに、銀行だけは儲かっている」などということはありませんし、銀行はそんなことは望んでいません。地域経済を良くすることで利益を上げるのが地方銀行です。ですから、皆さんの志望動機を実現するのに、地域金融機関はまさにうってつけの職場なのです。

大切なのは、志望動機を決して忘れないことです。地域金融機関の面接官は、ほとんどの学生が「地域に貢献したい。それには御行が最も良いと思った」といった志望動機を話すのを聞いていますが、それに対し、「みんな同じことを話すなぁ」「もっと違う答えが聞きたいなぁ」などとは思いません。なぜなら、「地域貢献」こそ地域金融機関の使命だからです。そして、地域金融機関は、その土地で生まれ育ったかどうかは別として、その地域が大好きで、元気にしたいと思う人たちの集合体なのです。ですから、学生が皆同じことを言っても、面接官は「うん、うん」と頷いていたはずです。

ただし、「具体的には、どのような仕事を通して地域に貢献したいと思っていますか?」といった質問では、明確な差がつきます。「地域金融機関だから、地域貢献と言っておけばいい」という学生は、ここで落とされる結果となります。

とはいえ、「地域経済を元気にしたい」という皆さんの志望動機は、思っただけで実現するものではありませんから、これからたくさん勉強して、多くの企業と接し、努力して成長していかなければなりません。しかし、「地域を元気にしたい」という思いが本物であれば、その努力は苦痛にはなりません。

入行するにあたって、採用選考で皆さん自身が口にした志望動機を、もう一度確認し、それを「内定をとるための理由」ではなく、「働く理由」に昇華させることをおすすめします。

主体的・能動的に学ぶ姿勢さえあれば成長できる

今、多くの就活生は、「社会に貢献できる企業で働きたい」ということと、「自分を成長させてくれる会社で働きたい」という2つを企業選びの軸にしていると感じます。

しかし、合同企業説明会や学内企業説明会にブースを出している企業であれば、どの企業もその軸は充たしているはずです。なぜなら、社会に貢献しない企業が生き残れるほど今の世の中は甘くないからです。

自分たちの利益優先で、お客様を犠牲にするようなビジネスモデルの企業は長くは続きませんし、そもそも、就職支援会社や県などが主催する合同企業説明会、大学が主催する学内企業説明会に呼ばれません。

また、どんな会社に入っても、主体的・能動的に学ぶ姿勢さえあれば、成長することができます。社会に出たら、「自分を成長させてくれる会社」が用意されているわけではありません。「仕事を通して自分が成長する」「自分が成長することでお客様に喜んでもらい、結果として会社が成長する」――これにより、「会社や社会の役に立っているという実感が持て、さらに自分が成長する」というサイクルを自分で作ることが大切なのです。

4月から皆さんは、地域経済を支えることのできる地域金融機関に入行します。人気が低下したとはいえ、金融機関に入るのは決して楽なことではありません。両親や大学の先生、友人、近所のおばさんやおじさんから「○○銀行から内定なんてすごい。本当によかったね」などと言われたと思います。なぜ、そう言ってもらえるのでしょうか。

それは、金融機関が地域の役に立っているからです。皆さんが、地域経済を支えるための舞台、それが皆さんの入行する金融機関です。そして、皆さんは、その舞台に立つ権利を得ています。４月からその一員になる気概を持って、残り少ない学生生活を楽しんでください。

3 経験することすべてが君の力になる。どんなことにも積極的に挑戦しよう！

「石の上にも3年」ということわざがあります。冷たい石の上に座るのは辛いことですが、我慢して座り続けていると、体温で石が温かくなり、座り心地が良くなります。そこから、我慢し、辛抱していれば報われるということわざになったそうです。

「今はそういう時代ではない。この企業は当初思い描いていたのと違うと思ったら、さっさと転職したほうがよい」という人もいます。しかし、2年や3年で、本当に銀行の仕事が理解できるかといったら、それは難しいと思います。

「M&Aがしたい」「まちづくりがしたい」といった、「入ってからやりたい仕事」が明確な人の中には、「やりたい仕事ができない」「やれたとしても、ずいぶん先になる」といった理由で転職を考える人もいます。

地方銀行や信用金庫の人事制度は、ゼネラリスト志向で作られていることが多いので、いろいろな業務を担当し、ジョブローテーションの中で育てていく形がとられています。ですから、最初からM＆Aが担当できるわけではないし、まちづくりができるわけでもありません。それに対し、「これは自分がやりたかった仕事ではない」と感じる人がいるわけです。

一方で、「M＆Aがやってみたい」と思って入行した人が、資産運用業務を担当したところ、すっかりその魅力にとりつかれてしまい、今では「この仕事こそ自分の天職」だと感じているといったケースもあります。

前者については、M＆Aを多く手掛けるコンサル会社やまちづくりを行う公務員に転職するのが、ひとつの方法かもしれません。しかし、最初からやりたい仕事を明確にし、それに固執することで、自分の適性に合った他の仕事との出会いを排除してしまう結果になる可能性があります。

また、M＆Aやまちづくりの仕事は、今すぐではなく、ジョブローテーションでいろいろな経験を積んだうえで担当したほうが、より良いアドバイスができるのではないでしょうか。少なくとも、融資業務を担当して企業の資金の流れを理解し、渉外業務を担当して企業の課題を知ったうえで担当したほうが、広い視野に立った提案ができるはずです。

世の中には無駄な仕事などない！

皆さんも、入行してすぐに自分のやりたい仕事ができるわけではありません。しかし、その仕事がいつか、自分のやりたい仕事を担当した時、絶対役に立つことを覚えておいてください。

世の中には、無駄な仕事などありません。ジョブローテーションの過程で、最初は考えてもいなかった業務に自分の適性があることに気づくこともあると思います。ですから、「これは私のやりたかった仕事ではない」「こんなはずではなかった」などとは思わずに、与えられた仕事を一所懸命にこなすことが大切です。

新入行員の毎日は、「筏下り」だといわれます。「急流の川を筏で下る」イメージです。溺れないように、必死で筏を漕ぎます。与えられた仕事をとにかくこなすということです。そのうち、平らな川に出ます。社会人生活に慣れ、少し余裕ができて周りが見えるようになったことで、自分のいる場所が、急流ではなく平らな川に感じられる日がくるのです。

その時、自分という小さな筏が、大きな船になっていることに気づきます。急流を必死に下っているうちに実力がついたということです。

成長すると、次は「山登り」だといわれています。キャリアを形成していくことを山登りにたとえているのですが、その時、筏下りの何年間かがペースとなります。

最初のうちは、「私はこんな人間です」「私はこんな仕事がしたいです」と主張するよりも、自分を「真っ白な状態」にし、与えられた仕事を必死でこなすことが、皆さんをより大きくすると思います。

「必死」が「夢中」に変わると、仕事が楽しくなります。与えられた仕事を夢中でこなしているうちに能力が上がりますから、与えられる仕事のグレードが上がります。

すると、自分で「これはこうやったほうがいいのではないか」という創意工夫のアイデアも出てきます。それを上司に提案すると、上司は皆さんの成長ぶりを認め、喜んでくれます。人に認められる経験、喜んでもらう経験が、また皆さんのモチベーションになります。

「若いうちの苦労は買ってでもしろ」ということわざがあります。成長期の人にとっては、すべての経験が力になるはずです。

また、失敗が許されるのも若さの特権です。ですから、何にでも積極果敢に挑戦してください。

4 銀行は変わりつつある。若い力を存分に発揮しよう！

銀行は、長い間、公務員と並んで「安定した業種」とされてきました。それが、多くの就活生の志望理由として挙げられてきました。

しかし、この「安定」がこれからも続くとは思えません。なぜなら、銀行を取り巻く環境は大きく変化しており、銀行のビジネスモデルは変革を迫られているからです。

皆さんはおそらく、そうしたことは承知で銀行を志望されたのだと思います。近年、地方においては、ガス、電気、鉄道などのインフラ系企業や食品会社の人気が一層高まっていますが、それは、安定志向の学生の人気を集めたからだと分析されています。

一方、公務員の人気は低下したと言われていますが、その理由は「売り手市場なので、民間企業に行けばよいと考える学生が増えたため」だそうです。少なくとも、「安定しているから」という理由で銀行を選んだ就活生は少なかったのではないか、と思います。

若い力がこれからの銀行の変化を支えていく

2016年2月からのマイナス金利政策によって、銀行の収益源である金利が大幅に低下しました。最近は、政府が、近い将来のキャッシュレス比率を80％にしようとしていると報道されました。これについては、都市銀行をはじめ、地方銀行も、現金コストが軽減されることから実は歓迎しているのですが、銀行が「現金を扱うところ」であることを考えると、どれだけ大きな「変化」かが分かります。

決済システムはフィンテックのウエイトが大きくなることが予想されますし、資産運用業務では人間に変わってロボアドバイザーが存在感を増しています。RPA（ロボティック・プロセス・オートメーション）による業務の自動化により、今までは行員がやっていた仕事をAIが代替する動きも広がっています。

都市銀行では、すでに、国内の融資業務から得られる収益よりも、海外で得られる収益のほうが大きくなっているところもあります。その動きは、地方銀行にも波及し、海外部門やM&Aに力を入れるところが増えています。このように地方銀行は、これから大きく変化することが確実です。信用金庫などの協同組織金融機関も例外ではないでしょう。

さらに、これは銀行だけの話ではありませんが、働き方改革も進行中です。仕事をする席が決められていないフリーアドレスや、モバイルで業務が完結するペーパレスなどの動きが、多くの銀行で加速しています。こうした動きに対して、皆さんはどう感じるでしょうか?

もし、今までと同じビジネスモデルで、「変わらないことが良し」とされているのだとしたら、そこで重宝されるのは「経験則」です。しかし、時代の流れによって大きな変化が起こっている今は、「経験則」が生きません。そこで求められるのは、変化を恐れないチャレンジ精神や対応力、新しいビジネスモデルを作っていく力です。それらはまさに、若い皆さんが持っているものです。

例えば、今後、進んでいくことが予想されるスマホアプリを使ったデジタルチャネルの拡充については、年長世代の行員よりも、皆さんのほうが良いアイデアを思いつきそうです。そう考えると、皆さんは、とても良い時期に銀行員になります。

時代の変化にわくわくする気持ちを!

就活戦線で、新聞社は依然として人気があります。しかし、最近は電車の中で紙の新聞を読んでいる人をほとんど見かけません。若い人はネットでニュースを見るので、新聞を購読する必要性をあまり感じていないようです。それなのに、新聞社で働きたいという人が多いのはなぜでしょう。それは、新聞社なら、それまでに培ったコンテンツと、優秀な人材を使って、時代の変化に合わせた新しいビジネスモデルを作っていくに違いないと信じられているからではないかと思います。

安定した職業といわれる公務員だって、人口減少が進む中、今の行政サービスは維持できなくなることから市町村合併が進むと予想されています。つまり、変化が起こるのは銀行だけではないということです。

銀行は、あらゆる業種と取引がありますから、皆さんも、銀行に入れば時代の変化を敏感に感じることができます。そこにわくわくしてほしいと思います。

「最も強い者が生き残るのではなく、最も賢い者が生き延びるのでもない。唯一、生き残るのは変化できる者である」というダーウィンの言葉が、重要な意味を持って聞こえてくる時代が訪れています。

銀行は、今まで培った地域での信用と信頼、優秀な人材などをベースに、今までとは違うビジネスを展開していくはずです。世の中は、ＡＩ、ロボット、ビッグデータの活用が拡大し、デジタルトランスフォーメーションが進んでいきます。皆さんは、過去の延長線上ではない未来を経験するでしょう。それは、きっと素晴らしい未来です。

5 地方で働くことのメリットを活かそう！

皆さんは、地域金融機関で働くことを選びました。ということは、地方で働くことを選んだということです。首都圏や他県の大学で学んだあとUターンした人も、地元の大学に進み、そのまま地方に就職する人もいるでしょう。他県の大学に進学し、そこが気に入って、その地で働くことにした人もいると思います。

今は、他県への攻勢を強めている銀行も多いですから、進出エリアの関係で、他県出身者の比率が高くなっています。いずれにしても、地方で仕事をすることを選んだ皆さんには、そのメリットを最大限に活かしてほしいと思います。

では、どんなメリットがあるのでしょうか。それは、大きく分けると3つ考えられます。

首都圏勤務と地方勤務の比較をしてみよう

①大好きな地方に貢献できること

地域金融機関には「ふるさと」があります。首都圏や関西圏の企業は、東京、大阪がふるさとだと思いがちですが、実は全国企業であることが多いです。

②腰を落ち着けて仕事ができること

地方銀行は他県の支店がある場合もありますから、転居を伴う異動はあります。しかし、全国どこに行くのか分からないという異動ではありません。生活基盤はあくまでその地方であり、腰を落ち着けて仕事ができます。例えば、子どもが生まれた時に、実家が近く、面倒を見てくれる親が近くにいることは本当に心強いものです。

③生活コストが低く、ライフプランが立てやすいこと

進学で首都圏などに住み、Uターンすることを決めた学生は、「実家から通える会社で働きたい」という人が多いようです。

首都圏等で就職すれば、住宅手当の出る会社であればいいですが、出ない会社だと家賃が大きな支出になります。家賃がいらず、食事も作ってもらえる実家暮らしに比べ、食費などの出費も多くなります。結果として、地方にいるよりもライフプランが立てにくくなります。

Uターン学生や他県の学生は、「首都圏で働いた場合と地方に戻った場合」「大学のある地方で働く場合と出身地に戻る場合」の比較をし、メリット、デメリットを考えて、最終的な決断をします。しかし、地元の出身で、地元の大学に進学した学生は、「一度も地方を出たことがないので、就職も当然地方で」といった感覚であることが多いようです。

ですが、ここで「当然」とは思わずに、首都圏で働く場合と地方で働く場合の比較シミュレーションをするとよいと思います。そうすれば、地方で働くことのメリットを感じて就職することができます。すると、主体的、能動的に「地方で働くことを選んだ」ことになるため、「地方で働くことのありがたみ」を感じることができるのです。

地方で働くことにはたくさんのメリットがあります。そのメリットを最大限に活かして、皆さんの望むライフプランを実現してください。

第2章

希望をもって
4月を迎えるための
入行までの過ごし方

1 どんな勉強をしておけばいいのか

近年の就職事情に関しては、「超売り手市場で焦る企業側に対し、学生は二極化」といった分析がされていますが、3年次の3月1日の説明会開始の時点で、新聞各紙は「早くも山場」といった表現で、企業が前倒しで選考を進めている様子を伝えています。

例えば、2024年卒採用においては、企業は6月1日より前の内定を「合格」と表現する企業が多かったようです。「合格」とは、6月1日に来てくれたら「内々定を出します」ということです。つまり、正確には、6月1日からが内々定、10月1日からが内定となります。

6月1日よりも前の選考を特別選考、6月1日から始まる選考を一般選考と呼びますが、同じ企業でも、選考スケジュールが複線化しているのが最近の傾向です。

ですから、皆さんの中にも、かなり早い時期に合格をもらい就活を終えた人と、6月1日から選考を受けて6月下旬に内々定をもらった人、さらには秋採用と呼ばれる選考で内々定を得た人など、様々なスケジュール感の人がいると思います。ですから、準備期間も人によって違います。

とはいえ、ほとんどの銀行で10月1日ごろに内定式を行うので、それまでには内定者が決定しています。その際に、「入行までにどんな勉強をしておけばいいか」を気にするようになると思います。なぜなら、内定式の日に、人事部から「入行式までに証券外務員1種試験に合格するように」といった指示がされるからです。

また、銀行によっては、「3級FP技能士も合格しておくように」という指示がされます。若いうちに2級FP技能士資格の取得を義務付けている銀行が多いのですが、この資格は、金融実務経験が2年以上なければ受験ができません。しかし、3級FP技能士試験に合格していれば、金融実務経験がなくても受験が可能なので、入行前に3級を取得させ、銀行に入ってから2級を取得させるという狙いです。

証券外務員1種は銀行業務のパスポート

では、証券外務員1種試験がどんな試験か、簡単に紹介します。

この試験は、日本証券業協会の外務員として登録を受けるために必要となる資格試験です。この資格がないと、銀行に入ってから投資信託等のセールスができません。つまり、仕事をするのになくてはならないパスポートのような位置づけです。

問題の形式は、○×問題が70問、5肢選択が30問で、○×は1問2点、5肢選択は1問10点という配点です。440点満点で正答率70％の308点以上が合格となります。試験時間は2時間40分ですから、かなりの長丁場です。

試験日は、受験者が一律に同じ日に受験するわけではなく、ほぼ毎日行われています。人事部と協議して決定した日に、指定された会場に行って受験する形となります。気になる合格率は65〜70％で推移しているようです。

出題範囲は、「法令・諸規則」「商品業務」「関連科目」です。

多くの銀行では、日本証券業協会の「外務員必携」を10月1日に配布しています。

これは、金融商品取引業に従事する者に必要な法令・諸規則や商品業務について解説したもので、4分冊からなります。

かなりのボリュームですので、「こんなに勉強しなければならないのか」とプレッシャーを感じる人もいるでしょう。そういう方は、もう少しコンパクトなものをネットで注文してもよいと思います。

勉強の流れとしては、①テキストを読んでから問題集を解く、②正解できなかった問題について解説を読む、③それでも分からなかったらテキストの該当箇所を読む——これを繰り返すのがよいでしょう。この流れで問題集を3回転くらいさせれば合格が近づくはずです。

多くの銀行で、入行式までに証券外務員1種に合格しておくことを要請しているにもかかわらず、最近は、不合格のまま入行してくる人が増えています。初受験ですんなり合格できればよいのですが、2回、3回と落ちてしまうと、苦手意識が出てしまいます。そして、合格へのやる気よりも、「次も受からなかったらどうしよう」という心配が先に立つようになってしまうようです。

一度不合格になると、受験日から30日を経過する日までは再受験ができないというルールがあるため、悪循環に陥ってしまう人が毎年います。入行してからだと、銀行の仕事を中座して試験を受けに行くことになります。支店の先輩や上司に迷惑をかけているという気持ちが余計なプレッシャーにつながると、ますます合格が遠のいてしまいます。

ですから、そうならないように、早いうちに余裕をもって勉強を始め、なるべく1回で合格できるように努力することが大切です。そのためには、繰り返しになりますが、問題集を3回転するのが効果的です。

続いて、3級FP技能士試験についてです。

FPとは、ファイナンシャル・プランナーの略であり、ファイナンシャル・プランナーとは、顧客が望む生活設計（ライフプラン）を実現させるためにお金のコンサルティングを行う担当者のことをいいます。いわば、お金のホームドクターです。

FP技能士の資格は、厚生労働省所轄の国家資格であり、3級の上には2級、1級と上位資格があります。試験は、学科試験と実技試験からなっており、学科試験は、○×が30問、3肢択一式が30問で、60問中6割の36問正解で合格となります。実技試験は、事例形式（3択式20問もしくは15問）で6割以上とれば合格です。

この試験の合格率は、学科、実技とも、おおむね80%台で推移しています。試験日は、5月、9月、1月の年3回です。

出題範囲は、「ライフプランニングと資金計画」「リスク管理」「金融資産運用」「タックスプランニング」「不動産」「相続・事業承継」の6科目。どれも銀行員のベースとなる知識ばかりです。

FPの資格には、金融財政事情研究会が実施する国家資格である3級、2級、1級FP技能士と、日本ファイナンシャル・プランナー協会が実施するAFP、CFP®があります。2級FP技能士とAFP、1級FP技能士とCFP®が同等の資格とされています。

最近、銀行では、1級FP技能士資格者を大幅に増加させることをアピールし、熱心に取り組む動きが見られます。

また、就活生のエントリーシートでは、保有資格欄に「3級FP技能士」という記載が増えています。これは、複数の大学が、学生にこの資格の保有を薦め、対策講義を行っていることが一つの要因となっているようです。今後、この動きは加速していくことが予想されるので、内定者のみなさんも、後輩となる学生たちに負けないように取得しておきましょう。

学生時代の頑張りを資格という形で「証明」に

マイケル・A・オズボーン博士が発表した『未来の雇用』によると、今ある仕事の47％が、AIによって自動化されるという予測がされています。そうなっても、代替されない人材になるためには、資格に裏打ちされたスキルを習得することが有効です。取得しておかなければならない資格が証券外務員1種、取っておくと良いのが3級FP技能士ですが、その他としては、学生時代に頑張ってきた勉強に対して、資格という「証明」を付けておくことをおすすめします。

例えば、商学部や経営学部で簿記の勉強をした人であれば、日商簿記2級に挑戦する、外国語学部、文学部などで英語を学んだ人、あるいは大学時代に留学を経験した人であれば、TOEICを受けてみる、といったことです。

「大学時代に簿記を学びました」を「日商簿記2級を持っています」に変える、「オーストラリアに留学しました」を「TOEICは730点です」に変えることで、スキルを「見える化」することができます。なおTOEICは、都市銀行ではかなり重視されており、内定者に一定の点数を取るよう指示しているところもあるようです。

経営情報学部などであれば、ITパスポートといった専門性の高い資格をとっておくと良いです。せっかく勉強してきたのですから、それを形にしておくのです。それが入行してからの自分の武器にもなります。

また、「入行後、こんな仕事がしたい」という希望があれば、その該当業務に関連する資格にチャレンジするのも有益です。

例えば、「将来は頭取の秘書になりたい」という希望があれば、秘書検定を受験する、「地域の中小企業をサポートする仕事がしたい」という希望があれば、中小企業診断士の勉強を今のうちから始めてみるというのもいいでしょう。

中小企業診断士は1次試験が8月、2次試験が10月なので、入行前に受験することは難しいかもしれませんが、一朝一夕に合格できる試験ではないので、今から勉強を始めると、その分だけ入行後の合格が早くなることが期待できます。

公的資格だけでなく、最近は、法務、財務、税務の3級など、銀行業務検定試験に合格したと報告してくる内定者も増えています。また、それよりも早く、就活開始の段階で合格し、それを面接でアピールする学生も多くなっています。

「私は法学部で、法務3級を受けて受かりました」「大学で簿記を学んでいるので、その知識を活かし、財務3級に合格しました」「FPに興味があり、3級FP技能士に合格したのですが、タックスについてはさらに勉強を重ねて、税務3級も合格することができました」といった話は、面接官の心にヒットします。そこまでいかなくても、大学で学んだことを、法務、財務、税務3級の形にしておくことは有効です。

皆さんの入行する銀行でもおそらく、資格取得のための土曜講座を用意していると思います。それは、その銀行が、行員に取得してほしいと考える資格です。

例えば、中小企業診断士、1級FP技能士、社会保険労務士、宅地建物取引士、日商簿記2級などです。ですから、「入行したら、その講座に参加して資格取得を目指そう」と計画し、今からテキストを買ってページをめくっておくとよいでしょう。どんな講座があるのか分からなければ、人事の担当者に聞いてみてください。

もちろん、皆さんにはまだ大学の勉強もありますし、これから卒論を書く人もいると思います。日本銀行の学生向けコンテスト・日銀グランプリの論文（テーマは「わが国の金融・経済への提言」）に応募したり、ゼミのフィールドワークの集大成をしたり、といった方もいるはずです。どうぞ、思い残すことのない活動をしてください。

ゼミのフィールドワークの内容としては、商店街に行って、その賑わいの創出、活性化のための提言をまとめる、観光地に行って、魅力を高め、訪問客を増やすためのアイデアを出す、といったことをよく聞きます。これらは、銀行に入ってからも追いかけていくテーマです。ですから、そのフィールドワークに没頭することこそが銀行に入って役に立つ経験になります。

この章では日本経済新聞の読み方も取り上げますが、新聞を読むこと、ニュースを見ること、それを習慣にしておくことも大切です。

勉強する習慣を今からつけておけば鬼に金棒です。

2 一般的に入行前研修ではどんなことをするのか

4月に特別選考により「合格」と言われた人、6月に入ってからの一般選考を受けて6月中・下旬に「内々定」と言われた人、8月・9月に秋採用を受け「内々定」と言われた人といった具合に、選考の時期と「内定出し」の時期が内定者によって違うことは1にも紹介したとおりです。

最近時、企業は学生の囲い込みを急いでおり、選考は前倒しとなっています。また、定員が確保できない企業も増えていることから、秋採用も活発化しています。銀行も例外ではありません。ですから、内定者同士で、内定に至る選考方法を情報交換し、多少ぎくしゃくしてしまうことがあるようです。

また、内々定を出したものの、辞退する学生が増加しています。そこで、多くの銀行では、内定辞退を抑止するため、10月の内定式の前にも、内々定者が集まる機会を作っています。内定者懇親会、内定者親睦会、内定者懇談会、内定者交流会などと呼ばれるもので、皆さんも参加されたかもしれません。

本当は内々定者と呼ぶところですが、内定者懇親会などと称していますので、以下、内定者と表現します。内容としては、人事からの示達事項、内定者の自己紹介、グループワーク、先輩行員との懇談、食事会などといったものが代表的です。

内定者懇親会では遠慮せずに質問してみよう

人事からの話は、「内々定、おめでとうございます」から始まり、「この会の目的（内定者同士のつながりを作ってもらう、自行をより知ってもらう、不安を少しでも和らげてもらうなど）」「今後のスケジュールの説明（内定式までに集まる機会があればその説明、内定式のスケジュール、それ以降の内定者研修、入行式について等）」、「内定者としての残りの学生生活の過ごし方などの説明」「配属先決定時期」「今後のSNS利用の注意点について」などが多いと思います。

内定者の自己紹介では、「大学名、氏名、あだ名、趣味・特技、マイブーム、今日の抱負」など、話す内容が指定されていることもあれば、自由ということもあります。「今日は皆さんと初めて会うので緊張していますが、少しでも仲良くなりたいと思っていますので、よろしくお願いします」といった感じに話す人が多いかもしれません。

グループワークは、ゲーム形式で行う銀行もあるようですし、「学生と社会人の違い」といったテーマでグループディスカッションを行う銀行もあるようです。先輩行員がグループに入るケースもありますが、基本的には、内定者同士が距離を縮めるためのものになります。

「先輩行員との懇談」は、内定者からの質問に、年齢の近い先輩行員が答える形式が一般的です。先輩行員は、人事部員ではないので、福利厚生や人事制度などの制度について、必ずしも正確に答えられるわけではありません。そうした時は、スタッフとしてその場にいる人事部員が助け船を出すこともあります。しかし、ここで大切なのは「去年、おととし、つい数年前」に内定者だった若い行員が、彼らの感じ方で答えてくれるということです。

質問で多いのは、「ノルマはありますか?」「残業はつけられますか?」「嫌な人はいますか?」「配属先は希望がとおりますか?」「結婚・出産しても働き続けたいのですが、そうした女性行員は多いですか？」「有給休暇は取れますか？」「銀行員になって良かったと思いますか？」「今までで一番大きな失敗はどんなことですか？」といったことのようです。これらは、おそらく皆さんも聞きたいことばかりだと思います。

銀行の多くは、内定者懇親会とは別に、内定者を個別に呼んで話をする個人面談の場も作っています。今は、売り手市場で、あまりにあっさり内定が出てしまうので、就活生からしたら「自分のどこを評価してもらえたのかが分かりにくい」という声が聞かれます。それが、「内定をもらったはいいけれど、この会社に入って、本当にやっていけるのだろうか」という不安にもつながります。

ですから、銀行を含む多くの企業は、ここ数年、内定者との個別面談に力を入れています。ホテルのラウンジなどに来てもらい、「あなたのこういう点を評価して内定を出しました。あなたは当行で、十分活躍できると期待しています」といったことを伝えているのです。そして、近況報告をしてもらうと同時に、就職するにあたって、心配なことや不安に感じていることなどを聞き、アドバイスをします。

こうした面談をしてもらうと、内定者は安心するようです。「自分のことをちゃんと見てくれていたんだ」という信頼感が、辞退の抑止にもつながっています。

このように、内定者研修の前にも、銀行と接点を持つ機会が何回かあるはずです。そして、1月~3月の間に「内定者研修」が行われます。

内定者研修を行う3つの目的とは

内定者研修は、多くの銀行で研修所や外部施設に泊まり込んで行われます。内定者の皆さんは、年が明けると「就職イヤー」です。安心してほしいのですが、「さぁ、いよいよ社会人だ。わくわくする」などと考えている人は少なく、ほとんどの人は、不安でいっぱいになっています。旧年中は「来年から社会人」と言っていたのが、「今年から」に変わっただけで、「待ったなし」という気がしてプレッシャーが大きくなるのです。

そうした中で行われるのが内定者研修です。その目的は、大きく分けて3つあります。

①社会人になるための予行演習

内定者研修の段階では、皆さんは「学生」です。しかし、数カ月後には社会人になります。「お金を払って授業を受ける」学生から、「働いて給料をもらう」社会人になります。ですから、意識改革が必要です。

また、夜遅くに寝て朝ゆっくり起きる生活から、朝型の生活に変える必要もあります。「学生から社会人へ、4月からスムーズに転換できるように」――その予行演習が、この内定者研修なのです。

②4月から必要になる知識やスキルの習得

企業の中には、「内定者研修の目的は、皆さんを早期戦力化することです」といったことをうたっている先もあるようですが、多くの銀行においては、「入行してから、じっくり時間をかけて皆さんを育てます」というスタンスですから、「早期戦力化」を目指して内定者研修を開催しているところはほとんどないと思います。

その代わり、ビジネスマナーや社会人としての文書の書き方、報告・連絡・相談の重要性、仕事の進め方などを知ってもらい、入行してからの仕事をイメージしてもらいます。また、銀行についてもっと知ってもらうためのカリキュラムも用意されていますから、「自分が銀行に入ったらこんな仕事をするんだな」ということが、具体的にイメージしやすくなります。それが分かって4月を迎えるのと、分からないで迎えるのとでは、精神的に大きな差があります。

③同期となる内定者同士の絆作り

宿泊研修の場合は、内定者同士が一緒に過ごす時間が長いです。同じ部屋になった同期とは、まさに寝食を共にしますので、ここで一気に距離が縮まります。同期は、増えることはありません。入行時が最も多く、それ以降は減る一方です。だからこそ、同期同士で助け合い、支え合い、励まし合って切磋琢磨することが大切です。

以上3つが内定者研修の大きな目的ですが、内定者に不安なく4月の入行式を迎えてもらうこと、「よし、××銀行で頑張るぞ」と、社会人になる覚悟を持ってもらうことを銀行は重視しています。

いずれにしても、内定者研修の冒頭で、その目的は研修担当者から明確に示されますので、それをしっかり聞いてください。

研修内容としては、例えば、人事部長の開講挨拶から始まり、内定者の自己紹介、就業規則やコンプライアンス、銀行の仕事、ビジネスマナー、仕事の進め方、日本経済新聞の読み方、グループワーク、ビジネスシミュレーションなどのゲーム、レクリエーション、4月の入行式と新入行員研修の説明、役員の終講挨拶といったことが行われます。

銀行によっては、規律・マナー（ルール、時間厳守、チームプレー）を学ぶといった目的で自衛隊に体験入隊する、レジリエンス・ストレス耐性を高めるために叱られる体験をする研修（叱られ方研修）をする、といったところもあるようです。

その是非はともかくとして、規則正しい生活習慣やストレス耐性は、社会人にとって非常に重要です。前者は内定者研修を宿泊形式で行うことで、後者はストレスマネジメントの講義を取り入れることで、多くの銀行の内定者研修に組み込まれています。私たちは、ストレスのない社会で生きていくことはできません。ですから、ストレスに強くなること、ストレスを解消する方法を持つことが大切です。その部分は、今、研修の大きなテーマとなっています。

人事担当者は、内定者研修が終わって、帰っていくときの皆さんの表情を見ています。研修に来た数日前の朝よりも、入行に対する不安が大きくなっていては、研修を行った意味がありません。「これならやっていける」と感じてもらい、明るい笑顔で帰ってもらうこと、それが人事担当者の願いです。

実際、内定者からは、「内定者研修を受けて、4月から銀行員になるという実感が沸いてきました」「この研修が始まるまでは、同期と仲良くなれるか不安でしたが、みんないい人ばかりだったので安心しました」といった声が聞かれます。

内定者は、大きなプレッシャーを感じて内定者研修にやってきます。数日間、缶詰め状態で講義を受けることもそうですが、まだ親しくなっていない同期と仲良くなれるかという心配、宿泊の集団生活に対する不安といったことが主な理由です。

それだけに、内定者研修が終わった時、彼らの間には「一つ、壁を打ち破った」「山を越えた」という達成感が広がります。そういう研修が皆さんを待っています。

3 入行前研修ではどんな点に注意をすればいいのか

内定をもらって、そこに入ると決めた時から、皆さんは「○○大学4年生」という身分が保証されたうえで、「翌年4月から××銀行に入ることのできる権利」を手にします。第1章にも書きましたが、傍《はた》からは、人生で最も楽しいバラ色の時期を謳歌しているように見えます。皆さんも、先輩たちの姿を見てそう感じていたと思います。

しかし、実際にその立場になってみて、どう感じているでしょうか？　22年間の人生のうち、そのほとんどを、皆さんは生徒・学生として過ごしてきました。それが、4月からは社会人になります。人生で、何回もない「大きな変化」を経験します。未知の世界に入るわけですから、不安があって当然です。

漠然とした不安はどうやって解消するか

内定をもらっても、就職活動を続けているうちは「内定をとる」ことに没頭できますから、その不安と向き合うことはあまりないと思います。第一志望群の企業から内定をもらった後も就活を続ける人について、「自分の進路を確定するのを先送りしたい、という心理が働いている」と分析する人もいます。モラトリアムだということです。しかし、どこかのタイミングでは決めなければならない時がきます。そして、「その企業に決めた」瞬間から、不安の種を心の中に抱えることになります。

その不安は、銀行に決めた場合は「果たして銀行員としてやっていけるだろうか」といった漠然としたものだったり、「寝坊しないで出勤できるだろうか」「事務仕事やオペレーション業務を覚えられるだろうか」といった具体的なことであったりするでしょう。また、「営業の目標数字が厳しいと聞くが、本当だろうか」「意地悪な先輩や上司はいないだろうか」といった心配であることもあるでしょう。

皆さんは、まだ銀行で働いたことがないのですから、漠然とした不安は「入ってから悩めばいい」くらいの気持ちでいいと思います。そして、皆さんのそんな不安を少しでも和らげようというのが、個人面談や内定者懇親会等を含む入行前研修なのです。

人事部の担当者から、「あなたのこういう点を高く評価しました。その長所は、銀行に入ってからこういう形で生かされます。あなたなら十分、当行に入って活躍することができます。どうか、安心して入行してください」と言われることで、不安はかなり軽減されると思います。

あるいは、「4月の新入行員研修で、支店に配属されてから担当する仕事についてしっかりとレクチャーします。研修はゴールデンウィーク明けまで1カ月間、たっぷり時間をかけて行います。また、支店に行ったら、マンツーマンで仕事を教えてくれる担当者がついてあなたをサポートしますから、心配はいりません」「当行は、こんな研修体制を整えているので、じっくり時間をかけて一人前の銀行員に成長していくことができます」などといった、「人材育成の制度や体制」の話を聞くことで、「やっていけそうだ」という気持ちに変わります。

つまり、何人もの学生や行員を見てきた人事の担当者から、「やっていける」と思ってもらえたのだから、きっとやれるはずだという安心と、万全のサポート体制が敷かれているから、その中で、自分も一人前の銀行員になれるだろうという安心が得られるということです。こうしたことは、皆さんが聞かなくても、人事の担当者が言ってくれると思います。

ですが、「漠然とした不安」があるのであれば、「この不安を少しでも軽くする」というテーマを持って参加することが大切です。そうすれば、得られる情報量が多くなります。レーダーを張っている状態で研修を受けることで、そこにかかってくる情報が多くなるのです。

自分なりのテーマを持って研修に参加しよう

一方、「具体的な不安」については、研修のカリキュラムに落とされていることが多いので、そこで解決策のヒントを見つけましょう。「寝坊しないでやっていけるだろうか」という不安なら、宿泊形式の内定者研修で22時消灯・就寝の生活をすることを機に、その後もその時間に寝てみる、といったことです。また、入行前研修に来た年齢の近い先輩に聞いてみる方法もあります。すると、「私も夜型だったけど、入行する年の1月から深夜帯のバイトを辞めて、朝6時に目覚ましをかけることにしたよ」「新入行員研修が1カ月以上あるんだけど、そこで、嫌でも早起きしなければならないから、支店に行く頃には早起きの習慣が身についているよ」などといった答えが聞かれます。先輩の体験談ですから、不安は軽くなると思います。

このように、研修には、自分のテーマを持って参加することが大切です。ただ漠然と、与えられるのを待つ受講者と、主体的・能動的に成果物を取りに行く受講者がいたら、どちらの研修効果が大きいか、答えは明らかです。

4月からの社会人生活に不安を感じるのは、悪いことではありません。人間は、不安があるから努力するという面があります。ましてや、皆さんは社会人になったことがないわけですから、不安を感じて当然です。友達と遊んでいても、卒論制作に取りかかっていても、バイトをしていても、卒業旅行に行っていても、心のどこかには4月からの就職への不安があるというのが、内定者です。だからこそ、その不安を少しでも軽くすることをテーマとして、入行前研修に臨むことが大切なのです。これは、この後の社会人生活でもいろいろな場面で必要となる考え方です。

スマホが使えない時間で見える景色も!?

その他、入行前研修において注意すべき点を5つ挙げてみたいと思います。

①ビジネスマンとしての服装・マナーを心がけること

皆さんの身分はまだ学生ではありますが、銀行の研修所ないしは外部の施設に入っていく皆さんの姿は、「××銀行の内定者」として周囲の人たちに見られています。リュックにイヤホン、という大学生スタイルではなく、ビジネス用の通勤鞄を持ちたいものです。

また、バスの中などで大声で騒ぐといったことが良くないのは当然ですが、研修の話をしたり、研修で聞いた銀行の話をしたりすることも、コンプライアンス上、問題になる可能性がありますから気をつけてください。

②集合時間、開始時間等、時間を厳守すること

これは、当然すぎるくらい当然のことですね。社会人は、ルールで動いています。1人がそれを守らなかったことで、その影響が全員に及びます。

例えば、渉外の仕事では、10分、約束した時間に遅れただけで商談がパーになってしまう可能性があります。遅れた10分間、相手の時間を犠牲にしてしまったわけですから立腹されて当然です。社会はチームで仕事をすることがほとんどですから、1人がルールを守らないことでみんなが迷惑をします。ですから、時間厳守は絶対です。

これは、なにも時間に限ったことではありません。指定された持ち物を忘れずに持っていく、書類等の提出期限を守る、施設利用上のルールなどを守る、といったことすべてに当てはまります。

内定者研修が宿泊で行われるなら、規則正しい生活を始める絶好のチャンスです。SNSをする時間はほとんどありませんから、「脱スマホ」の数日間を過ごすことにもなります。実は、これが最大の苦痛だったという内定者がここ数年は多いです。スマホを使った銀行取引など、スマホはこれから「商売のタネ」でもありますが、とりあえず、スマホが使えない時間を過ごすことで違った景色が見えてくる可能性もあります。

③挨拶をしっかりすること

「おはようございます」「こんにちは」と、自分から声をかけることが大切です。あいさつは相手より先に行いましょう。

「おはようございます」と先に声をかけるのが挨拶、それに対し、「おはようございます」と返すのは「返事」だと言われます。また、食事の際は「いただきます」、食べ終わったら「ごちそうさまです」、人に何かしてもらったら「ありがとうございます」と、感謝を言葉にして発することが大切です。

外部の施設を利用する場合は、皆さんの印象が銀行の印象になります。皆さんはこれから、銀行員に対する世間全般の評価が高いことに気づくと思います。銀行員は、皆さんが思う以上に尊敬されています。しかし、それゆえに、銀行員に対する世間の眼は非常に厳しいものがあります。世間の方々が、銀行員に求めるマナーや振る舞いは、一般に求められるものよりもずっと高く基準が設定されています。それは、「銀行員なのだから、これくらいのスタンダードはクリアしてほしい」という世間の期待でもあります。期待されているのだから、応えましょう。

また、銀行の研修施設を利用する場合、「誰かは分からないが、銀行の人らしい」という人たちと、エレベーターに乗り合わせたり、廊下ですれ違ったりすることがあると思います。そんな時は、しっかりと挨拶をしてください。その振る舞いが、「今年の新人は…」という評価につながります。廊下ですれ違った場合は、立ち止まってから「こんにちは」と言う分離礼を実行すると、非常に好感度が上がります。挨拶と同時に、明るく・元気に、しっかりした立ち居振る舞いを心掛けることも大切です。

④しっかりメモをとるということ

社会に出たら、メモをとる習慣が非常に重要です。支店に配属後の仕事に関する講義であれば、しっかりメモを取り、それを休みの日にサブノートに書き写して整理しておくことをオススメします。それが、自分だけのオリジナル参考書になります。

⑤しっかり準備をすること

「明日はこれをやります」と言われたら、事前にテキストに目を通しておいたり、調べておいたりすることが大切です。事前に準備するか、しないかで、当日の理解度が違ってきます。

皆さんの中には、これまで、「勉強しなさい」と言われて机に向かい、両親を喜ばせるために、または先生に叱られないために勉強してきたという人はいないでしょうか？　それが、「やらされ感」につながってはいなかったでしょうか？

そうした人も、これからは自分のために勉強することになります。今日の自分が頑張れば、笑うのは明日の自分です。しっかりと事前準備をして研修に臨むことで、メリットを受けるのは、皆さん自身です。自分のために頑張りましょう。仲の良い同期を作ること、人事の担当者と会話をし、なんでも相談できる関係を作ることも大切です。

研修が終わった後、「これならやっていけそうだ」「大変かもしれないが頑張ろう」と前向きな気持ちになっていれば、入行前研修は、皆さんにとって有意義だったということです。そういう研修にするんだという強い意思で、実りのあるものにしてください。

4 学生としてどんな経験をしておけば入行後役に立つか

長かった学生時代も、あと少しで終わりを告げようとしています。友だちと過ごす日々も、いろいろなことがあったキャンパスとも、そしてバイト先の仲間とも、お別れの日が近づいています。

もし、皆さんが「この大学に来てよかった」「こんな友達ができて幸せだった」などと感じながら、「時間よ、止まってくれ」という気持ちでいるのならば、その思い出こそが、皆さんのこれからの人生の糧になると思います。

出会いがあれば別れがあります。そしてその先には、4月からの「社会人生活」が待っています。そこには、新しい仕事、環境、出会いがあります。思いっきり別れの感傷に浸り、思いっきり新生活の不安と戦い、思いっきり緊張して入行式を迎えることこそが、皆さんを成長させ、入行後に役立つ経験となります。

アルバイトから学んだことに自信を持とう

内定者の懇談の席などで、頭取や理事長はよく「学生時代にしかできないことをやっておきなさい」「海外に1人で旅をすると良い」「社会人になって後悔しないよう、思いっきり遊んでおくように」などと言います。しかし、これらのアドバイスが、内定者の心に響いているようには思えません。なぜなら、内定者の皆さんは、ギリギリまでアルバイトをして、そのお金で卒業旅行に行くといった人が多いからです。昔よりも、アルバイトのウエイトが大きくなっているのです。

「アルバイトと正社員は違う。アルバイトは嫌ならいつでも辞められるが、正社員はそうはいかない。正社員のほうが、仕事の重さや責任がはるかに大きい」などという年長者が多いのですが、皆さんの感覚は、ちょっと違うのではないでしょうか。皆さんは、「いやいや、自分はアルバイトだけれど、仕事を任されているし、責任感を持って取り組んでいるつもりなんだけどなぁ」などと感じながら、年長者の話を聞いているように感じます。

皆さんがアルバイトで学ぶこと、会社の疑似体験として経験することはこれから役に立ちます。例えば、チェーンの居酒屋であれば、人手不足で夜間のシフトが組みにくくなっていることを実感するはずです。それが今、世の中で起こっていることです。「売り手市場なので、求人を行っても集まらず、人手が足りない業種が増えている」という日経新聞の記事を読んだ時、あるいは、入行してから取引先の社長が「ハローワークに求人を出しているのだけれど、応募がない」などと口にした時、「ああ、まさに自分のバイト先がそうだった」と、自分の体験を紐づけて感想を語ることができます。また、アルバイトリーダーとして、苦労して夜間のシフトを組んだり、欠勤するアルバイトが続出するといった非常事態に対処したりした経験は、社会に出て確実に役に立ちます。

ですから、銀行の年長者が考えている以上に、アルバイトから学べることは多いのです。そのことに自信を持ってください。今の皆さんにとって、アルバイトこそが「学生時代にしかできないこと」かもしれません。

「思いっきり遊んでおけ」というアドバイスについては、「社会人になっても遊びを犠牲にするつもりはない」「オンとオフは分けて考えたい」と考えている人もいると思いますので、感覚が違うのかもしれませんね。いずれも、皆さんのことを考えての言葉なのですが、そのベースになっているのは、頭取や理事長が大学生だった頃の経験なので、皆さんから見たら大きなズレがあるのです。

とはいえ、社会人になると、「バイトとはやはり違うなぁ」と感じる瞬間がきますし、「土曜・日曜の休みが、こんなにありがたいものだったのか」と実感することがあります。しかし、「社会人になってから役に立つ経験を、今のうちにしておかなければならない」などと、特別に考える必要はないと思います。友だちと、だらだら過ごせるのもあと少しです。そんな無駄と思えた時間がかけがえのないものだったと、後から気づくだけでもその時間は貴重です。

「特別なことをしようとせずに普通に過ごすだけでも、その一日一日が、入社後、役に立ちますから安心してください」というのが、私が伝えたいこの項目の結論です。

「人生の折れ線グラフ」を作ってみる

そのうえで、やっておいてほしいことがあります。それは、「今までの学生時代（人生）の総括」です。銀行によっては、これまでの人生の浮き沈みを折れ線グラフで表現させたところもあったと思います。

例えば、高校時代の部活でレギュラーを外された（↘）、受験勉強を頑張って第一志望の大学に合格した（↗）、大学祭の実行委員になるも、みんなをまとめきれず孤立した（↘）、その後、みんなの意見を聞くことからやり直し、大学祭は成功、「××君が実行委員で本当に良かった」と言われた（↗）、バイト先で大きなミスをし、お客様からクレームを受けた（↘）、努力を店長に認められ、アルバイトリーダーを任命された（↗）、といった感じです。

これは「人生の折れ線グラフ」というものですが、これを作ると、今までの人生を「見える化」することができます。すると、今までの人生が、たくさんの人に支えられてきたことに気づきます。自然に感謝の気持ちが沸いてくるはずです。その人たちの多くは、これからの人生でも皆さんがお世話になる、大切にしていかなくてはならない人たちです。

同時に、折れ線が、真ん中より下の「沈んだ」状態から、「浮いた状態」に変化した時のことを振り返ってほしいのです。

先の例では、大学祭の実行委員でうまくいかない状態から、「××君が実行委員で良かった」と言ってもらえる状態になっていますが、この点について、「どうしてそういう結果が得られたのか」「何がきっかけとなってうまくいったのか」を分析してみます。

「リーダーシップに自信があったので、周りの意見を聞かずに突っ走ってしまった」↓「それを反省してみんなに謝り、意見を聞く姿勢を示したら、たくさんの意見やアイデアが出た」↓「それらを実現しようと懸命に動いたら、信頼されるようになった」などといった形です。

そのうえで、「大学祭の実行委員をした時は辛かったなぁ。だけど最終的にはうまくいってよかった」と満足せず、「こうやったら成功した」ということをしっかりと分析し、自分の中にストックするのです。そうすると、社会に出てから同じような状態に陥った時、そのリカバリー方法を使って、事態を打破することができるかもしれません。

これが「再現性」といわれるものです。再現性を持っている人は強いです。「私はこうやってピンチを脱してきた」というものを自分の中に持っていれば、社会人になっても、その方法を使って良い方向に向かうことが期待できます。

「今日は気分が乗らない」という時に、「この音楽を聴くとやる気が出る」「ウォーキングをするとすっきりする」といった、「自分で自分のモチベーションを上げる方法」を知っていれば、それを使って自分を元気にすることができるのと同じです。

もちろん、銀行員になってからは、学生時代の成功体験が通用しないこともあります。そんな時は、周囲に助けてもらったり、自分で工夫して違う方法を使ってみたりして、悪い局面を変える努力をします。うまくいくようになったら、「どうやって事態を改善したか」を分析し、ストックしておきます。それが、皆さんの財産になります。

社会に出たら、自分が頑張らないといけないことが多くなります。そんな時には、自分で自分を励まし、鼓舞し、動機づけすることが必要になります。そういう経験を持っているかいないかで社会人人生が変わってきます。

皆さんは、学生時代にいろいろな経験をしています。頑張ってこなかったら今の大学に合格していないでしょうし、銀行から内定ももらえていないはずです。その成功体験はどうやって得られたか――それを、この時期に分析し、ストックしておくこと。それこそが、皆さんにやってほしいことです。

必要以上に「特別なこと」はしなくていい

その他、いまのうちにやっておいてほしいことを5つ挙げたいと思います。

①普通の学生生活を「かけがいのないもの」として大切に過ごすこと

永遠に続くかと思えた大学生活は、あと少しで終わります。同じメンバーで授業を受けることは、もう二度とありません。そう思えば、一日一日、一瞬一瞬を大切にしたくなります。これから卒業旅行に行く人も多いと思います。それは、皆さんにとって一生の思い出になります。

②きちんと卒業できるように単位を取得すること

卒論がある人は、それに全力投球することです。「学生の本分は学業だ」などと言うつもりはありませんが、大学生としての集大成はきちんと成し遂げてください。

③資格の取得など、社会人になることに向けた勉強をすること

「TOEICの点数○点以上」が必要な銀行であれば、英語の勉強をしてください。銀行に入ったら、エクセル、ワード、パワーポイントでの書類の作成が必要になりますから、その勉強もしておくと有効です。

④規則正しい生活を送る練習をすること

夜型の生活をしている人は、早く寝る、早く起きる、という朝型の生活を試してみましょう。そのためには、スマホを見る時間を減らすことが効果的です。銀行にとって、これからはスマホが重要なビジネスツールとなりますからスマホは絶対に必要です。しかし、スマホを見る時間を減らすことで時間が生まれることもたしかです。

⑤銀行員になる準備をすること

具体的には、日経新聞を読む習慣をつける、銀行に関して知識を深める（本を読む）といったことです。多くの年長者が言うバックパッカーのような形での「海外ひとり旅」も、視野を広げる意味では良いと思います。

もちろん、特別なことをしなくても、皆さんに残された大学生としての毎日は、後から振り返ったら「特別だった」と思えます。ですから、必要以上に「入社後役に立つことをしなければならない」などと思うことはありません。

5 日経新聞は　どう読んでおけばいいか

「銀行員になったら日経新聞を毎日読む」というのは、昔も今も変わりません。その理由は3つあると思います。

1つは、銀行員が景気、経済、金融と密接に関係する職業であることです。日経新聞は「経済を中心とした総合紙」であり、私たちが知っておくべき情報が満載です。

2つ目は、私たちの取引相手となるお客様が読んでいるということです。日経新聞は、購読者が、収入の多い方、金融資産の多い方、ホワイトカラー、経営者層が多いことでも知られています。

資産運用業務で面談するお客様の中には、マーケット欄をこまめに読んでいる方が多いです。法人担当が訪問する企業の社長、経理部長の多くは、景気動向や業界動向、企業情報、為替や原油価格、商品市況などをチェックしています。ですから、読んでいないと、話が通じないのです。

3つ目は、銀行員としての知識やスキルが磨かれるということです。日経新聞を毎日読み続けることで情報のインプットができますが、それだけでなく、経済に対する理解が深まり、理解できる記事が増えていきます。

読み続けることでニュースの点と点が線になる

あるベテラン銀行員が、「10年目くらいの時に、日経新聞の記事がほとんど理解できるようになった。その時、自分は一人前の銀行員になったと思った」と語っていましたが、それは皆さんの先輩たちの多くが感じたことだと思います。

例えば、「景気が良い」という記事と「東証一部上場企業の業績が過去最高を更新した」という記事を読んだうえで、「就活が空前の売り手市場」だという記事を読めば、この3つの記事がつながっていることに気付くことができます。「企業が前倒しで採用を急いでいる」という記事と、「6月1日時点の内定率が○%」という記事もつながります。一方で、「都市銀行では、買い手市場の側面も出た」という記事を読むと、

「あれっ？」と思いますが、「学生の大手志向が一層強まった（優秀な学生が特定の大手企業に集中）」という記事と「都市銀行がＡＩによる作業の自動化で、採用を大幅に減らした」という記事を読むと、「なるほど、そういうことか」と納得できます。

「これから10～20年の間に、47％の仕事がＡＩにとって代わられる」というオックスフォード大学の調査結果の記事と、いろいろな企業が「ＲＰＡ（ロボティック・プロセス・オートメーション）で業務の効率化を進め、生産性向上を目指している」という記事を読んだところに、「ＡＩ、ロボット、ビッグデータ、シェアリングエコノミーなどの第四次産業革命が進んでいる」という記事を読めば、今、世の中で起こっていることが見えてきます。

そこに、「働き方改革」で、インターバル制やサテライトオフィス、在宅勤務（テレワーク）などを行う企業の記事が加わると、近い将来、自分たちがどんな環境で働くのか、方向性が見えてきます。ＡＩによって事務仕事のかなりの部分が代替され、人間は相談業務などに特化していくことが予想されます。だとすれば、「しっかりしたスキルを身に付け、ＡＩに代替されないプロ人材にならないといけない」という気持ちになるかもしれません。

このように、日経新聞を読んでいれば、点と点が線になり、今、世の中で起こっていることがはっきりと見えてきます。そして皆さんは、そんな世の中で仕事をし、人生を送っていきます。そこで必要な情報を得ていくには、日本経済新聞を毎日読むことが最適です。

5〜6年前には、就活が始まるときに日経新聞を購読し、内定が出て、就職先が確定した段階で購読を止め、4月の就職を前に再び購読を始めるといったパターンの人が多く見られました。しかし最近は、就活期間中であっても、日経新聞のみならず新聞自体を購読していないという人が多くなりました。

新入行員研修では、「日本経済新聞の読み方」といった講義が行われます。以前の講義は、「一般紙は読んでいるが、経済新聞は読んでいないという人」に対し、「経済新聞」の読み方を教えるという内容でしたが、最近は、「新聞自体を読んでいない人」に対して、新聞の仕組みから説明し、経済新聞の読み方を教えるといった内容に変わっています。ですが、皆さんにはぜひ、内定者である今から、日経新聞を購読し、新聞を読む習慣を身に付けてほしいと思います。

最低限、紙面のどこを読めばいいのか

では、ここからは、具体的にどこを読めばよいのかについて解説していきます。

皆さんの中には、紙面の一面から最終面まで、すべて読まなければいけないと考え、「そんな時間はない」と心配している人がいるかもしれません。しかし、そんな心配はいりません。ベテランの銀行員だって、朝、新聞を読んでいる時間はせいぜい30分です。家に帰ってからじっくり読むことはありますが、朝はそのぐらいです。

まず読むのは一面です。一面というのは、新聞社がその日の紙面で最も重要だと考えるニュースです。新聞は、大見出し、小見出し、リード、本文という記事の構成になっているので、大見出しと小見出しで、どんなニュースなのかを理解し、リードで概要をつかみます。「じっくり読みたい」と思ったら、本文を読み進めていきます。

例えば、皆さんの内定者研修が記事になったとしたら、こんな感じです。大見出しは「××銀行　内定者研修始まる」、小見出しは「×名　決意新たに」、リードは「×日、××銀行は同行研修所に×名の内定者を集め、内定者研修を開始した。内定者は午前8時30分の集合時間を前に、緊張した面持ちで集まった。採用担当者の××は『売り

手市場の中、良い学生が集まった』と胸を張り、『責任を持って育てる』と意気込んだ。研修は×日まで3日間、宿泊施設に泊まり込んで実施される」といった形です。リードで概要は分かりますが、研修の詳しいカリキュラムや内定者の様子、コメント、今後の日程などが知りたければ本文を読みます。

その日の主な記事は、一面の上部と左に載っていますので、それをチェックし、「これは読んでおきたい」というものをピックアップして読みます。

続いて、一面の左下「ＭＡＲＫＥＴＳ」をチェックします。この欄で、日経平均株価、円・ドルの為替相場をチェックします。

株価や為替が大きく値上がりした、値下がりしたといった場合には、詳しい解説記事が掲載されますが、通常は、マーケット総合欄を読みます。「市場体温計」という欄で、より詳しいマーケット動向を把握し、マーケットがなぜそのように動いたのかを解説記事で理解します。

入行する銀行が上場しているのであれば、ぜひやってほしいのが株価チェックです。株価は証券欄2に、他の銀行と一緒に掲載されています。今、いくらくらいの水準なのか、昨日は上がったのか下がったのかを毎日見てください。「自分たちの力でこの株価を上げるぞ」と思って入行する人が多ければ、その銀行の未来は明るいです。

その次に、入行先で取り扱っている投資信託の代表的な商品の基準価額を、証券欄3、4の「オープン基準価格」でチェックします。代表的な資産には、株式、債券、REIT（不動産）があります。日本の株式、先進国の株式、新興国の株式、日本の債券、先進国の債券、新興国の債券、日本のREIT、アメリカのREIT、世界のREITなど、それぞれの資産に投資する投資信託と、それらにバランスよく投資するバランス型ファンドがあります。

バランス型ファンドは、1つの投資信託で、世界中の株式、債券、REITに分散投資ができますから、皆さんが入行してから積立で購入すると、「長期・積立・分散投資による安定的な資産形成」が期待できます。こうして投資信託の基準価額をチェックし、マーケットで起こっていることを把握することが、銀行員になった時に活きてきます。

なぜなら、銀行員は、マーケットを肌で感じて仕事をする職業だからです。金融資産を数千万円、数億円単位で保有している富裕層のお客様は投資信託を保有していることが多いですし、取引先企業の中には、円高になると利益が上がる輸入企業も、円安になると利益の見込める輸出企業もあります。新聞に載っていることが、遠い世界で起こっているのではなく、自分のごく身近で起こっていると感じられる日がすぐにやってきます。

さらに、地元経済欄に取引先のニュースが載ることもよくありますから、その欄も見ておきます。そのほかは、興味のある経済記事を中心に読むとよいでしょう。

分からない部分があっても構わず読み進めよう

次に日経新聞の読む際のポイントを3つ挙げます。

①ともかく毎日読み続けること

分からない経済用語が出てくる都度、ネット等で調べるという方法もありますが、それよりも、分からなくてもいいから読み続けましょう。

日経新聞を読むことを苦痛に感じる人からは、「内容が理解できない」「難しすぎる」といった感想が聞かれます。そんな人に、「分からない言葉があったら、その都度調べて、理解するように」などと言ったら、ますます嫌になってしまうでしょう。ですから、分からない部分があっても、構わず読み続けるようにしてください。すると、数日後に、解説記事が出たりして「そういうことだったのか」と納得できることが多いです。

②日経新聞の記事の特徴を理解すること

例えば、「昨日の日経平均株価は、円高が進んだことから、300円超の大幅下落となった」という記事があったとします。「円高が進んだ」ために、「株価が大幅に下落した」と言っていますが、「円高が進むと、なぜ株が売られるのか」が分からない人も多いと思います。つまり、日経新聞の記事は、その理由が省かれているのです。「それくらいは分かっていますよね」といった感じで、経済の仕組みを理解していることを前提に記事が書かれています。

ですから、最初のうちは戸惑います。しかし、続けて読んでいれば、「円高が、輸出企業の業績にマイナスの影響を与える」といった記事が出てきます。それを読むことで、「昨日の日経平均株価は、円高が進んだことから、輸出企業の業績が悪くなるという懸念が広がり、300円超えるの大幅下落となった」という省略された部分を、自分で埋めることができるようになります。日経平均株価とは、東証一部に上場された企業のうち、代表的な225社の平均株価のことです。225社の中には、トヨタのような輸出企業が多いので、円高になると株価が下がる傾向があるのです。このように、日経新聞の記事は、「理由」が省略されていることが多いのですが、読み続けることで理解することができます。

多くの方は、日経新聞の記事のこうした特徴が分からないので、「難しい」「理解できない」などと苦手意識をもってしまいます。しかし、「理由が省略されているから、理解できなかったのだ」ということが分かれば、省略された部分を埋めれば理解できることに気づきます。それは、読み続けていれば分かります。もし、円高が続くようであれば（あるいは株価の下落が続くようであれば）、いずれ必ず詳しい解説記事が出ます。そこにはちゃんと、「円高が輸出企業に与えるマイナスの影響」が書かれますから、「なるほど」と理解ができます。

③記事の「5W2H」を意識すること

前述した内定者研修の記事のサンプルは、「×日、××銀行は同行研修所に×名の内定者を集め、4月の入行に備え社会人としての基礎を学ぶ目的で内定者研修を3日間の予定で開始した」といった内容になっていました。これは、まさに、いつ（Wh en＝×日）、誰が（Who＝××銀行）、どこで（Where＝同行研修所）、何を（What＝内定者研修）、どうする（How＝開始した）、なぜ（Why＝入行に備え、社会人としての基礎を学ぶ）、何人・いくら（How Many、How Much＝×名、3日）という5W2Hで、記事が作られています。

ここまでカチカチのケースは少ないとは思いますが、多くの記事は、誰が、いつ、どこで、何を、どうしたという作りになっています。本文を読み進めれば、なぜ、何人、何日、いくら、といったことも書かれていることが多いです。新聞記事を読むことで、このように事実を意識することが習慣になります。

上司に報告をする際や、お客様に説明する際などに5W2Hを使えば、「××さんの話は分かりやすい」などと言われることが多くなるはずです。新聞記事は、ロジカルであり、結論が先に書かれています。これもまた、銀行に入って、報告・連絡・相談をする際に極めて重要なポイントです。それが、新聞記事を読むことで身につきます。

このように、日経新聞を読むことで、皆さんが得られるメリットには大きなものがあります。ぜひ、明日からと言わずに、今日から読んでください。

6 読んでおいたほうがいいおすすめの本

銀行には、読書の習慣のある大学生が多く入ってくる印象があります。採用面接で好きな作家を聞くと、東野圭吾さん、湊かなえさん、伊坂幸太郎さん、森見登美彦さん、有川浩さんなどと答えが返ってきますから、ちゃんと小説を読んでいる人も多いと思います。しかし、その人たちは、勉強のために読んでいるわけではなく、楽しいから、面白いから読んでいます。そういう人は、読書が習慣になっていますから、社会人になっても本を読み続けるはずです。

また、最近は、マンガを読む人が増えています。日本映画の原作は、今や、小説よりマンガのほうが多いです。それらも、本を読む習慣につながると考えられます。

さて、そのうえで、皆さんに、社会人になる前に読んでおくとよい本を紹介してみたいと思います。

古典といわれるビジネス書を読んでみよう

これから社会人になる皆さんには、人生の指針となるような本、いろいろな場面で何回も手にとって読み返したくなる本との出会いが大切です。それには、古典と言われるようなものが最適です。

例えば、松下幸之助著『道をひらく』（ＰＨＰ研究所刊）は、これからの人生で、辛い時、苦しい時、悩んだ時、迷った時、不平・不満でいっぱいになった時、自分のことが好きではなくなってしまった時、常に皆さんの傍らにいて、その時の皆さんに相応しい言葉をかけてくれる存在になります。

「運命を切りひらくために」「日々を新鮮な心で迎えるために」「困難にぶつかったときに」「自信を失ったときに」など、１２１項目の短編随筆集なので、その時の気持ちに合わせて読むことができます。そして、読むたびに心に残るページが違い、響く言葉が違うことに驚かされます。

この本は、１９６８年の発行以来、５２０万部超のロングセラーですが、古い本にもかかわらず、いつでも新鮮な気持ちで読めます。就職にあたって、プレゼントに使われたり、企業が新入社員に読ませたりといった形で、3月、4月になるとベストセラーリストに載ってくることからも、若い皆さんに読んでほしいと多くの方が考えていることが分かります。

ちなみに私は、報われていないと不満でいっぱいになった時、「逆境は尊い。しかしまた順境も尊い。要は逆境であれ、順境であれ、その与えられた境遇に素直に生きることである。謙虚の心を忘れぬことである。素直さを失ったとき、逆境は卑屈を生み、順境は自惚《うぬぼ》れを生む」という文章を読むと、今の境遇は、自分を成長させるために神様が用意してくれたんだ、といった素直な気持ちになり、「明日からも頑張ろう」と思えます。そうして、多くの先輩たちが救われてきた本でもあります。

同じように、人生の指針となる本として、スティーブン・R・コヴィー博士著『完訳 7つの習慣 人格主義の回復』（キングベアー出版刊）が挙げられます。1996年に日本語訳が出版されていますが、全世界で3000万部、日本国内で累計200万部という大ベストセラーです。

この本は、皆さんの人生を豊かにする7つの習慣について書いています。その7つとは以下のものです。

①「主体的である」
②「終わりを思い描くことから始める」
③「最優先事項を優先する」
④「Ｗｉｎ－Ｗｉｎを考える」
⑤「まず理解に徹し、そして理解される」
⑥「シナジーを創り出す」
⑦「刃を研ぐ」

皆さんのこれからの人生で大切なのは、良い習慣を持つことだと思います。コヴィー博士は、「習慣とは、知識・スキル・意欲の３つが交わる部分」だと定義しています。この３つを自分の中に持ち続けられれば、皆さんは成長しつづけることができます。この本も、読むたびに発見があり、読むたびに感銘を受ける箇所が違います。

この２冊はきっと、皆さんの人生を照らし続けてくれるはずです。

資産運用の基本となる考え方を学ぶ本とは

皆さんはこれから、お客様に資産形成のアドバイスをする立場になります。そこで、資産運用の本もおすすめしたいと思います。

バートン・マルキール、チャールズ・エリス共著の『投資の大原則　人生を豊かにするためのヒント』（日本経済新聞社刊）です。バートン・マルキールには『ウォール街のランダム・ウォーカー』、チャールズ・エリスには『敗者のゲーム』という名著がありますので、それを読んでもいいのですが、この本は、まさに2人の集大成のような内容です。

「まず貯蓄を始めよう」「市場以上に賢いものはない」「インデックス・ファンドという手法」「一に分散、二に分散、三に分散」「間違った時期に全財産をつぎ込む悲劇」「リバランスでリスクを軽減する」という内容は、まさに皆さんにぴったりです。

この本については、2017年4月、日本証券アナリスト協会の基調講演で、金融庁の森信親長官（当時）が次のように取り上げています。

「資産運用の世界を代表する思想家であるバートン・マルキールとチャールズ・エリスは、

その共著の中で、個人が投資で成功するための秘訣として、『ゆっくりと、しかし確実にお金を貯める秘訣は再投資（複利）にあることを認識すること』『市場の値上がり、値下がりを気にかけず、一定額をこつこつと投資すること』『資産タイプの分散をできるだけ図ること』『市場全体に投資するコストの低いインデックスファンドを選ぶこと』を勧めています。来年1月（筆者注：2018年1月）から開始されるつみたてNISAは、こうしたマルキールとエリスの考えにも沿った、個人の資産形成を支援するための税制上の優遇措置です」

つみたてNISAは、2024年1月から新NISAのつみたて投資枠として生まれ変わりますが、いずれにせよ、近年、金融庁がスローガンとしている「長期・積立・分散投資による安定的な資産形成」は、この本から生まれていると言っても過言ではないかもしれません。

そのほかにも、以下に挙げる2冊は、マネジメントならドラッカー、マーケティングならコトラーと言われる巨人の著書です。

・ピーター・F・ドラッカー著『マネジメント　エッセンシャル版』（ダイヤモンド

社刊）

・フィリップ・コトラー著『コトラーのマーケティング4・0　スマートフォン時代の究極法則』（朝日新聞出版刊）

ドラッカーやコトラーの考えを下敷きにした新書はたくさん刊行されていますが、やはり、原典を読むことをおすすめします。

これらの本は、一生ものです。何回繰り返し読んでも、そのたびに得るものがあります。社会人生活を目の前にした今、そんな本との出会いがあれば、これ以上の幸せはないと思います。

また、古典ではありませんが、リンダ・グラットン、アンドリュー・スコット共著の『ＬＩＦＥ　ＳＨＩＦＴ　１００年時代の人生戦略』（東洋経済新報社刊）は、これから皆さんが何回も聞くことになり、その言葉を使ってお客様とも話すことになる「人生１００年時代」の元となった本です。この本は、「教育→仕事→引退」という３ステージの生き方から、リカレント（学び直し）や転職も交えた４ステージ、５ステージの生き方へ見直すことも提唱しています。それを知っていると、「リカレント」という言葉が新聞などに出た時の理解力も違ってきます。

最後に、今までの人生で何回も読み返してきた愛読書があれば、その本を大切にしてください。また、新刊が出るたびに買っている作家が3人くらいいれば、どんなに忙しくなっても読書習慣は途絶えませんし、「楽しみ」を持ち続けることができます。

第3章

銀行員としての姿を
イメージできる！
入行後の流れと動き方

1 入行後の研修では どんなことをするのか

銀行は、研修が非常に充実しています。皆さんは、入行する銀行以外にも、他の銀行の企業説明を聞いたことがあると思いますが、ほぼ例外なく「人材育成に力を入れている」「研修体制が充実している」「あなたを一人前の銀行員に育てるサポート体制が整っている」などといった説明があったはずです。これは、就活生の関心を得たくて言っているのではなく、銀行は人で勝負する業態なので、人材育成をしなければ生き残っていけないからです。

例えば、自動車メーカーであれば、「この会社の車しか乗りたくない」「いつかはあの車に乗ってみたい」などといったお客様が多いです。皆さん自身も、洋服、バッグ、時計、化粧品、手帳、筆記具などについては、「このショップに決めている」「このブランドが好き」といったことがあると思います。

銀行はどうでしょうか。皆さんの銀行で借りた１００万円は、他の銀行で借りても１００万円です。皆さんの銀行で取り扱っている投資信託は、他行でも同じか、同じようなタイプの商品を買うことができます。つまり、商品では差がつかないということです。

では、どこで差をつけるか――それは「人」なのです。「あなたが担当者で良かった」「あなたに相談して良かった」と言ってもらえる行員を育てることで他行との競争に勝つのです。「銀行は人が商品です」という言葉を、多くの採用担当者から聞いたと思いますが、それはこういうことです。ですから、どの銀行に入っても、研修体制は充実しているはずです。

新入行員研修では切磋琢磨できる仲間を作ろう

まず、皆さんの関心が高い新入行員研修について紹介していきます。

配属先が分かってから新入行員研修を受けるのか、分からない状態で受けるのか、興味のある人も多いと思いますが、これは、皆さんの銀行がどういうスケジューリングなのか、人事の担当者に確認することをおすすめします。

銀行によって、4月1日の入行式で頭取から「××支店勤務を命ず」という辞令を受け取り、配属先が分かるというところと、新入行員研修の最終日に配属を発表され、その時点でやっと配属先が分かるというところがあります。

新入行員研修は、入行式の翌日から始まります。最近は、2カ月ほどの長期のタームで行う銀行が増えています。銀行の研修施設を使い、宿泊形式で行われる銀行も多くなっています。「長期化」する傾向があること、「宿泊形式（宿泊型ともいいます）」が増えていることが大きな特徴です。

研修の目的は、以下の4つが挙げられます。

①学生気分を抜き、社会人としての基礎を身に付けること

仕事に取り組む姿勢、ビジネスマナー、コンプライアンス、就業規則などの講義が行われます。先輩行員が来て話をしたり、グループワークをしたりといったことも、「社会人としての意識改革」をスムーズに行うためです。

社会に出て伸びる人は、姿勢の良い人です。英語でいえば「Attitude（アティチュード）」。人生に対して、また仕事に対して取り組む姿勢が良い人は成長します。新入行員研修で、社会人としての姿勢、銀行員としての姿勢を身に付けることが非常に重要です。

②生活習慣を社会人モードにすること

宿泊型が増えているのは、規則正しい生活習慣をつけさせる狙いがあるからです。皆さんは普段の生活で、「朝起きたから、顔を洗わなくてはならない」「食事をしたのだから、歯を磨かなければならない」などと考えている人はいないと思います。なぜなら、それらは当たり前に身についている習慣だからです。

習慣とは、意識しないで行うことです。ですから、良い習慣を早い段階で身に付けることができれば、皆さんの社会人人生は実りのあるものになります。良い習慣が皆さんを成長させ、成果を生み、自己実現へと導いていきます。

この研修期間を通して、早起きの習慣をつける、朝は日本経済新聞を読む習慣をつける、毎日机に向かう習慣をつける、規則正しい生活をする習慣をつける、といったことを銀行は期待しています。英語で言えば「Habit（ハビット）」です。良い習慣のある人は、どんな環境でも自分を律し、自分を成長させます。良いアティチュードの人が、良いハビットを身に付ければ、その人はきっと銀行をひっぱっていく人材になります。皆さんには、ぜひそういう人になってほしいです。

③これから働くにあたって必要な業務知識、スキルを習得すること

預金業務、為替業務、融資業務のイロハなどを勉強します。

例えば預金業務に関しては、入金伝票の起票の仕方、出金伝票の起票の仕方、現金入出金と振替入出金の伝票の起票の仕方、普通預金から出金して定期預金を作成する、送金する、税金を収納するといった、様々なケースの伝票の起票の仕方についてマスターします。伝票を起票したら、次は端末オペレーションを行います。銀行によっては研修用の模擬店舗があるところもありますし、研修用端末で実際に操作しながら学習するところもあるようです。

また、模擬紙幣を使っての札勘（縦読み、横読みでお札を数えること）や、電卓を使っての利息計算なども行われます。札勘については、１００枚を30秒以内で数えることを合格とする試験を行う銀行もあると聞いています。こうしたことで、支店に配属されてからの業務がスムーズに行われることを銀行は期待しています。

支店に行けば、仕事を教えてくれる先輩がいます。ＯＪＴもしっかりと行われますので、研修で完璧に事務を習得しなければならないわけではありません。実際には、支店に

行って、ミスをし、失敗を重ねながら仕事を覚えていきます。ですが、研修で教わったことはしっかりとメモをし、自分だけのオリジナル参考書を作っておくと、支店に行って役に立ちます。英語でいえば「スキル・ナレッジ」です。

④長期間、時間と空間を共にすることで、同期同士が仲良くなり、信頼関係で結ばれること

テレビドラマ「半沢直樹」が大ヒットした頃、多くの就活生が採用面接で「半沢直樹を見て、銀行員に憧れた」と言っていました。理由を聞くと、多くが「同期の絆」という答えでした。窮地に立った半沢直樹を、同期である融資部の渡真利や出向中の近藤が必死で支える姿に強く心を動かされたというのです。

確かに、銀行に入れば、半沢にとっての渡真利や近藤のような仲間がきっとできます。たくさんの同期がいますので、全員と仲良くなろうと思う必要はありません。少数でいいから、本当に腹を割って話せる人を見つけることが大事です。その同期とは、切磋琢磨し、一緒に成長していけるはずです。「親友であり、最大のライバル」という関係がベストです。

新入行員研修では、次のようなカリキュラムが組まれています。

・ガイダンス
・役員、人事部長挨拶
・自己紹介
・銀行を知る（歴史、組織、人事制度など）
・就業規則
・コンプライアンス
・ビジネスマナー（あいさつの仕方、お辞儀の仕方、笑顔・表情、分離礼、言葉遣い、応接の案内の仕方、座席位置、車の座席位置、お茶の出し方など）
・電話応対（電話の取り方、かけ方、メモの取り方、伝言の仕方、アポイントメントの取り方など）
・報告・連絡・相談の仕方
・銀行業務の知識習得（預金、為替、融資）
・端末オペレーション（入出金、新規顧客番号の作り方、定期預金作成など）
・資産運用について

・グループワークと発表
・支店に行っての業務体験
・取引先訪問
・先輩行員との懇談
・メンターとの面談
・メンタルヘルス、ストレスマネジメント、レジリエンスについて
・札勘
・電卓
・修了試験
・(配属先発表)
・決意表明
・頭取挨拶

時間としては、銀行業務に関する知識習得のための講義時間が長く設定されています。全体を通して、職業観、人生観を感じてほしいという狙いもありますので、「銀行員という職業について」といった講義や、外部講師を招いて「職業」について考える

ような講演を行っている銀行もあります。

入行後は、このような新入行員研修が皆さんを待っています。また、多くの銀行で、支店に配属になった後、3カ月おきくらいのインターバルで新入行員が集まる機会があります。

さらに2年目になっても、2年目行員研修が多くの銀行で用意されていますから、フォローアップの体制は整っています。

普段の研修は「階層別」「業務別」の2種類がある

次に、新入行員以外も受ける普段の研修について取り上げます。

平日に行われる研修は、大きく分けて、階層別研修と業務別研修(スキルアップ研修、職務別研修などとも呼びます)の2種類です。

階層別研修は、新入行員、中堅行員、上級行員、役職行員など、銀行内の資格階層が同じ行員を集めて行うものです。その資格階層に求められる行員像を具現すること、より上位資格階層へのステップアップの動機づけを行うことなどが目的です。

銀行は、資格階層がかなり細かく設定されていることが多いのですが、翌年、昇格を控えた行員を集めて行う階層別研修が多く用意されています。それは、「同期」が集まる機会にもなります。ですから、スタート時点では同じだった同期が「成長している」ことを感じ、刺激を受けるといった効果もあります。同期ないしは同じ年代の行員が集まりますから、自分の立ち位置が分かります。

一方の業務別研修は、同じ仕事、業務を行っている行員を集めて行うものです。テラー、融資係、法人渉外、個人渉外、資産運用業務担当者などです。事務長、融資長、渉外長といった役席を集める研修もあります。

例えば、資産運用業務の担当者を集めた研修では、「投資信託」「保険」といったテーマがあり、それぞれ初級者、中級者、上級者といった形で、経験やスキルに応じた内容の研修が用意されています。

新入行員研修でも、預かり資産（投資信託や保険のこと）の講義がカリキュラムに入っているのが普通です。そこでは、「資産運用の必要性」「株式、債券、ＲＥＩＴなどの資産の説明」「投資信託、保険の仕組み」「自行が取り扱っている投資信託、保険商品のラインナップと代表的な商品の概要」「マーケットの見方」などについて、レクチャーがあります。

そのうえで、2年目などのタイミングで、業務別研修の「初級資産運用研修・投資信託編」「初級資産運用研修・保険商品編」に参加します。投資信託編であれば、資産運用の必要性を訴求するセールストークのロールプレイングや、株式ファンド・債券ファンド・REITファンド・バランス型ファンドを提案する際のアプローチ方法などについて学びます。

また、平日研修とは別に、主に土曜日に行われる休日講座があります。これは自由参加ですので誰でも希望すれば参加することが可能です。公的資格の試験対策講座を行う銀行が多く、例えば、2級FP技能士（AFP）、CFP®、宅地建物取引士、中小企業診断士、日商簿記2級などの講座が開講されています。これは、銀行が行員にこういう知識・スキルを身につけてほしいと考えている資格ですから、皆さんも、自分が入る銀行がどのような資格対策講座を開講しているかチェックしてみてください。

ITパスポートや英会話の講座を用意している銀行もあるようです。それらの銀行では、「ＩＴ人材を作りたい」「エクセル・ワード・パワーポイントの能力を上げたい」「外国人観光客の増加などのグローバル化、海外展開支援業務の活発化などの動きに対応するために英語を使える行員を増やしたい」といった狙いがあります。

公的資格の試験対策講座は、多くの場合、独自にスクールに通うよりかなり安い受講料で参加することができます。銀行によっては、受験料の補助、ないしは報奨金が支給されます。

休日講座で取り上げられている公的資格は、銀行が「この資格に合格するだけの知識・スキルのある行員を育てたい」と考えている資格ばかりですから、合格することで評価されます。また、その知識・スキルを使って、銀行で活躍することが期待されています。

皆さんが採用担当者などから聞いた「当行は研修プログラムが充実しています。皆さんを一人前にする体制が整っていますから、安心してきてください」という説明は本当です。ただし、それを活用して成長できるか否かは、皆さん自身にかかっています。

2 配属された部署にはどういう意図があるのか

配属先は、皆さんにとって大きな関心事だと思います。「どこに配属になるのかが気になって仕方がない」という方も多いでしょう。

しかし、この不安については、「あまり心配しないでください。入ったところで頑張りましょう」というのが結論です。

都市銀行では、支店が全国にあること、いきなり専門性の高い部署に配属になる人もいることなどから、最初の配属で、エリート、非エリートが選別されるといった話もよく言われています。学歴によって、「期待される行員」と「その他大勢」に分けられ、官僚の「キャリア」と「ノンキャリア」のような差がつけられるというのです。配属先を見れば、期待されているか否か、期待度が分かるという人もいます。

都市銀行は、ＲＰＡによる業務の自動化、スマホを使った金融サービスの拡大といったＩＴ関連、海外業務への一層の注力といったグローバル関連の戦略を強力に推し進めています。それらの部署は、ゼネラリストでは対応しにくい業務を行いますから、専門の学部・学科で学んだ新入行員が配置されることは確かだと思います。「在学中に中小企業診断士試験や証券アナリスト試験に合格した」「ＭＢＡを取得した」といった人は、そのスキルが生かせる部署に配属となることもあるようです。また、全国に支店がありますから、花形の支店もあれば、転勤になった行員が「左遷」といわれるような支店もあります。

しかし、最初の配属が、花形の支店ではなかったとしても、そこで頑張るしかないのです。そこが、その人の社会人デビューの地であり、出発点です。そこには、その土地を愛し、住んでいる人がいます。そういう人がお客様になります。「この土地は、私が社会人として第一歩を記した記念すべき土地です。一生忘れることはありません」という思いを素直に表現すれば、みんなが味方になって応援してくれます。

そもそも、いきなり花形の支店に配属された人が、そのまま支店長、役員になるわけではありません。一方で、そうではなかった人で、支店長、役員になった人はたくさんいます。新入行員のうちから選別し、エリートコースと非エリートコース、出世コースと非出世コースを決めつけるなどということはないと思いますが、もし、あったとしたら、その銀行はやっていけないはずです。なぜなら、「選別」の基準が、その時点では「学歴」になってしまい、仕事で発揮される能力や成果ではないからです。

ただし、プロ野球にドラフト会議があり、ドラフト1位の選手が、下位指名や育成指名の選手より良い待遇を受けるのと同じように、学生時代に中小企業診断士を取得した人が、いきなり本部の該当部署に配属になるといったことはあり得ることです。

「不安は自分の将来に対して抱く感情」ですが、「不満は他者との比較で生まれる感情」だといわれています。人生には、未知のことがいっぱいありますから、不安を感じるのは仕方のないことですが、不満は、他者と比較しなければ抱きにくくなります。そんなところで、不満を感じていては、自分が損します。「その人は、学生時代に頑張って中小企業診断士をとった。自分はその分、友達と楽しい時間を過ごし、バイトも頑張った」――これでいいのです。

しかも、それは現時点での評価です。5年後、10年後の評価は、入ってから決まります。

配属先が「期待されているか」を表すことはない

以上は都市銀行の話です。なぜ、長々と都市銀行の話を書いたかというと、地方銀行ではあまり、そのようなことがないからです。

複線型の人事制度を設けていて、スペシャリスト採用がある銀行についてはその限りではありませんが、ゼネラリストとして、いろいろな業務を経験し、主任、係長、代理、課長、次長などと昇格し、やがて支店長、さらには役員へと階段を上っていく単線型の人事制度の銀行では、ほとんどの新入行員は支店配属となります。

ただ、最近は、他県への出店を多くしている銀行が多いので、地方銀行であっても、家から通えない、遠隔地勤務が発生するようになっています。ですから、個人面談や内定者研修の際に、皆さんの意向や希望を聞く機会が設けられることが多いはずです。「首都圏の支店勤務になっても構いませんか？」「家から通えない他県の支店でも大丈夫ですか？」といった打診があるかもしれません。

その際、１００％ではありませんが「最初の勤務地は実家から通える地域がいいです。落ち着いた環境でしっかりと仕事を覚え、資格の勉強にも挑戦したいです」などと言えば、考慮してもらえる可能性が大きいです。また、他県への進出を加速させている銀行は、その県の出身者も採用していることが多いので、他県にはその内定者が配属となるというのがよくあるパターンです。

ある銀行に聞いたところ、「最近は、地元の県の出身者と、(最近時出店の多い)○県の出身者を半分ずつ採用していて、基本的には、○県には○県の出身者を配属させる」という答えが返ってきました。配属先希望については、個人面談や内定者研修の際などに、人事の担当者から聞かれると思いますが、もしそのような動きがないようであれば、皆さんの方から伝えてもよいと思います。

一方で、「県外支店は少ないので、新入行員は県内の支店に配属」という銀行についても、家から通えない支店に配属となる可能性があります。採用状況によって、学生のエリアが偏ってしまうことがあるからです。

例えば、県内に東部地区、中部地区、西部地区という3つのエリアがあったとして、西部地区で思ったような採用人員が確保できなかったといったケースです。そんな時は、中部地区出身の新入行員を西部地区に配属させるといったことが行われます。ほとんどの新入行員が自分が住む地区の支店に配属となる中で、いきなり家から通えない地区の支店に配属された行員は、「なんで自分だけ」「自分は期待されていないのだろうか」などと考えてしまうかもしれません。

しかし、こうした配属に「××君には期待していないから、西部地区に飛ばしてしまおう」などという意図は一切ありません。おそらく人事担当者から、「こういう理由で、××君を西部地区の支店配属とした」といった説明はされるものと思われますが、なかったとしても、「期待されていないから、その配属になった」わけではありません。ぜひ、「よし！ 今まで経験したことのない土地だ。寮生活も楽しそうだ。きっと良い出会いがあるだろう。わくわくする」などと考えてください。

新入行員の配属はどうやって決まるのか⁉

銀行は、支店の数が多いので、異動が多い職業です。様々な環境の下で仕事ができますし、たくさんの経験ができます。それをポジティブに考えることが、銀行員生活を楽しくします。

それぞれの配属先が決まると、新入行員の間ではいろいろな感情が渦巻きます。「彼は本店営業部に配属になったのに、私は郊外の支店勤務を命じられた」と感じる人もいるでしょう。それにより、今までは対等だった関係が、微妙に変わったりもします。

本店営業部や、エリアの拠点で支店長が取締役であるような支店については、選抜が行われていることは確かです。それは、大学名であったり、採用選考の際の受け答えであったり、入行前研修での態度・姿勢であったり、といったことの評価です。

しかし、皆さんが思うほど「Aさんは優秀だからエリア店」「Bさんは劣位だからサテライト店」などといった選考は行われていません。むしろ、「Aさんは、××線の電車に乗れば30分で通勤できるからエリア店」「Bさんの家は交通の便が悪く、家から30分圏内で通えるのは甲支店しかないから甲支店」といった決め方のほうが多いと思います。

また、地方銀行ならではですが、例えば、皆さんの親が自営業で、その銀行の取引先であるといったケースでは、その取引支店を避けて配属させるといったケースもあります。あまりに実家から近い支店だと、近隣の人が「子どものころから知っている○○さんに、金融資産を知られてしまう」といった心配をすることもあります。銀行は、そうした点も考えて配属先を決めています。

さらに、配属を決める前には、支店ごとに「何人新入行員を配置させるか」が話し合われます。例えば、A支店は3人欲しいとします。人員構成を考えて、男性1人、女性2人という配属行員数が決まります。そのうえで人選が行われます。

その時、3人とも、地元の同じ県立大学出身という組み合わせは行われないはずです。3人とも大人しいタイプという組み合わせもされません。あるいは、この支店の支店長は元気の良い新入行員を歓迎するからA君、この支店の支店長は優しく導いてくれるから、優秀だけどメンタルが少し心配なBさん、といったことも考慮されます。どうでしょうか？　配属先の決め方について、皆さんが思っているのとは少し違ったのではないでしょうか。そこで最初の結論に戻ります。

配属に一喜一憂することなく、入った支店で頑張りましょう！

3 一般的にどのくらいで現場に出て、どんな仕事をするのか

新入行員研修が3週間～2カ月ほど行われた後、支店配属となります。支店では、内部事務・融資事務を担当して事務を覚えた後、窓口担当・渉外担当として営業を行うようになります。一般的には、2年目から、営業目標の数字が割り当てられます。窓口担当は、定期預金の作成金額、投資信託などの預かり資産契約額、クレジットカードの成約口数などです。渉外担当は、融資の実行額、新規融資獲得先数などです。

皆さんは、業界研究やインターンシップで、銀行が「金融仲介機能」「信用創造機能」「決済機能」という3つの機能を果たしていることを学んだと思います。以下に、簡単に説明しておきます。

①金融仲介機能

預金を集めて、融資を行うことです。個人から預金を集め、お金が不足している企業や、マイホームを取得したい個人などにお金を貸します。銀行が、お金の余っている人と不足している人を仲介し、お金を融通していることから「金融仲介機能」と言います。

②信用創造機能

預金と貸出が繰り返されることで、預金通貨の量を増やすことです。

例えば、お客様Aが銀行に１００万円を預けます。そのお金を銀行は、マイカーローンを借りに来たお客様Bに貸します。預金の払い出しに備えて１割は手元に置きますので、91万円を融資したとします。

お客様Bは、自動車のディーラーに購入代金91万円を支払います。ディーラーは、91万円を銀行に預金として預けます。するとそこに、楽器を買うためのお金72万９０００円を借りたいというお客様が現れます。銀行は、その資金を楽器購入ローンとして融資します。お客様は、楽器店に72万９０００円を支払います。入金を受けた楽器店は、銀行にそのお金を預けます。これが繰り返されることで、最初の１００万円が何倍にも増幅しています。

③決済機能

現金を使わずに、口座振替や送金で資金決済がされることです。一人暮らしをしていた人の中で、仕送りや大家さんへの家賃の支払いを現金でしていた人はいないはずです。それは、送金や口座引落しがされていたからです。自宅生の皆さんも、アルバイト代や学費を考えれば分かりやすいと思います。

この三大機能を実行するのが、銀行の主な業務です。ですから、預金・貸付・為替が、銀行の三大業務と言われています。皆さんの働く支店は、この三大業務を行っています。

新入行員の初めての仕事は内部事務が多い

続いて、支店にはどんな立場の人がいて、どのような仕事をしているか紹介していきたいと思います。

まず、支店長がいます。支店のトップとして、支店の経営をしている人です。

その下に、事務長、融資長、渉外長がいます（名称は銀行によって異なります）。事務長は事務の責任者、融資長は融資の責任者、渉外長は営業の責任者です。事務長は、テラー・内部事務担当者を、融資長は融資担当者を、渉外長は渉外担当者を、それぞれ管轄します。

これをお客様サイドに立って捉えてみましょう。

例えば、定期預金を作りに来店したとします。まずは、テラーに定期預金の入金伝票と現金を渡します。テラーは現金を数え、内部事務の担当者に回します。内部事務担当者は端末を操作（オペレーション）し、預金通帳を作ります。作った預金通帳と伝票を事務長に確認してもらいます。事務長は、間違いがないことを確認し検印をします。内部事務担当者は事務長から定期預金証書を受け取り、テラーに渡します。テラーはお客様に、定期預金証書を渡します。

新入行員は、はじめは内部事務を担当することが多いので、この内部事務担当者の部分が皆さんの仕事ということになります。

内部事務と並んで新入行員が担当することが多いのが、融資担当です。融資担当者は、取引先や新規先に対し、資金を貸し出す仕事です。

その際、担当者は稟議書を書きます。稟議書とは「A社に対し、原材料仕入資金○百万円を、期間○カ月、金利年○％で融資したい。返済は、商品販売代金回収により一括返済する」といったことが書かれたもので、審査部に決裁を依頼します。審査部が「承諾」して、はじめて融資が実行できます。

新入行員はまず、融資に必要な書類を渉外担当者に渡したり、徴求した書類を整理したり、決算書を徴収したらそのデータを入力するといった事務を行います。融資に対する理解が深まってくると、稟議書を書く仕事を任されるようになります。また、融資の実行オペレーションは、本部が行う銀行もありますが、支店で行う場合には、融資実行の端末操作（オペレーション）を行います。

ほとんどの新入行員は、内部事務か融資事務からキャリアをスタートしますので、そのイメージを持っておくとよいでしょう。

銀行によっては、入行後に、ジョブローテーションでいろいろな業務を担当させるところもあります。内部事務が、預金・内国為替・外国為替などと細分化されていて、3カ月くらいのタームで担当替えしていくといった銀行もあります。

最初のうちは大変ですが、事務の仕事を通して業務が分かってきます。もちろん、事務をミスなく行い、そのスピードを上げていくことが日々の課題なのですが、「正確・

迅速な事務の完遂」が目的ではなく、事務を通して銀行業務を理解することが一番大切です。それが、窓口に出るテラーになった時、もしくは渉外担当になった時に生きてきます。

配属された支店の人員構成や銀行の方針にもよりますが、皆さんが目標数字をもって営業を担当するのは2年目からだと思います。新入行員の間は、事務の仕事を通して、基礎を固めてください。

清掃と電話対応はポジティブな気持ちで

さて、新入行員に期待される仕事は、実はこれだけではありません。その1つが毎朝の清掃です。

ほとんどの銀行の勤務時間は8時45分から17時で、営業時間（支店がオープンしている時間帯）は9時から15時です。勤務時間は8時45分からですが、その前に、駐車場や支店の面する通りの清掃を行うケースがあります。支店の前の通りを通行する人たちが、「銀行の前はいつもきれいだな」と感じてもらうくらい整えて、気持ちよく通行してもらいたい、そういう思いでやっていることです。ですから、一番若い皆さんがその中心になることが期待されます。

もう1つが、電話をとることです。

携帯電話がある時代に育った皆さんは、誰からかかってきたか分からない状態で電話に出る経験がほとんどないと思います。それが、銀行に入ると、いきなり固定電話でそうした電話に出なければなりません。お客様の名前も知らず、先輩行員の名前と顔も一致しない中で、初日から電話がかかってきます。そして、それをワンコールでとるように言われます。

大変ですが、先輩たちも悪戦苦闘してきた仕事です。電話にたくさん出ることで、取引先の名前を覚えていくことにもつながります。テラーになった時に、電話で何度も取りついだお客様が窓口に来たら、スムーズに担当者に伝えることができます。

皆さんが、緊張しながらも一生懸命電話をとる姿を見て、先輩たちは、新入行員だった頃の自分を思い出します。「新入行員が電話をとっている姿を見ると初心を思い出す」という言葉が、毎年聞かれるのはそんな理由からだと思います。

以上の2つの仕事は、「やらされてる」と思うのではなく、ポジティブな気持ちで取り組んでほしいと思います。

4 順調な昇格といえる目安はどのくらいか

銀行員2人から名刺をもらったお客様が、「どちらが偉い立場なのか分からなかった」という感想を口にするのを何回も聞いたことがあります。銀行によっても呼び方が違いますし、銀行の職位は本当に分かりにくいです。

ある銀行の職位は「一般行員→主任→係長→課長代理・支店長代理→課長→次長→支店長」となっています。またある銀行は、「一般行員→主任→部長代理・支店長代理→次長→支店長」です。「一般行員→主任→部長代理・支店長代理→課長→次長→支店長」と、代理と次長の間に課長が入る場合もあります。

複雑なのは、これとは別に、名刺には書かない行内の資格等級があることです。

一般行員は1等級、代理は○等級、次長は○等級といった具合です。一般に、行内で行われる昇格試験は資格等級の試験です。等級が上がると職位も上がるのが通常ですが、これは必ずしもリンクしないというルールになっています。

何歳で支店長になると順調な出世なのか⁉

一般行員→主任→部長代理・支店長代理→課長→次長→支店長という職位で見てみると、昇格の目安は次のようなイメージです。

皆さんは、新入行員ですので、一番低い資格等級からスタート、職位は一般行員です。通常、3年目、4年目くらいで資格等級が上がります。これは、検定試験などの昇格要件を充たし、人事考課で特に問題がなければ、事実上、自動昇格するとしている銀行が多いようです。

しかし、まだ職位は一般行員のままです。さらに、それから2～3年すると、資格等級の昇格時期を迎えます。それに合格すると資格等級が上がり、主任になります。さらに2年～3年すると、資格等級が上がる時期がきます。それに合格すれば、資格等級が上がると同時に、部長代理・支店長代理になります。代理からが「役席者」です。

この例だと、30歳代前半で代理となり、部下を持って検印をする立場になります。

課長には30歳代後半、次長には40歳代前半、支店長には40歳代半ばで到達するというのが、順調にいった場合の出世コースです。

これは、あくまでサンプルですので、入行する銀行の昇格基準を見ないと意味がありません。新入行員研修での人事制度の説明の際、昇格制度についても話があるはずですので、そこでチェックしてください。

これは、昇給の伴うお話です。資格等級が上がれば、給料が上がります。その給与体系についても、新入行員研修で示されるものと思います。

本当は、入行前の企業説明会などで、「30歳でどれくらいの年収ですか?」「支店長になると、いくらくらいもらえるのですか?」などと聞きたいと思いますが、そういう質問は、採用担当者によい印象を与えないのでは、という気持ちが働くからか、質問する人はまずいません。就活生が知ることができるのは初任給くらいですが、銀行の初任給は、他業態に比べて高くはありませんので、皆さんは、銀行の給与水準が分からずに入行を決めているのではないかと思います。

30歳代前半で代理になれるかが大きな分岐点に

新入行員研修で昇格制度について示されたら、やってほしいことがあります。それは、自分自身のキャリアプランを作ることです。

例えば「○歳で代理になる、○歳で課長になる、○歳で次長になる、○歳で支店長になる」などというプランを描き、それに、該当する年収を当てはめていきます。そうすれば、30歳代はじめにはいくらの年収をもらえている、といったことがイメージできます。

近年は、「お金」がモチベーションになることは少ないと言われていますが、「何歳で、どのくらい責任のある仕事をし、いくらの年収を稼いでいる」という将来像が描ければ、ライフプランもマネープランも描きやすくなります。

人事制度には、各資格等級で期待される行員像が示されています。ですから、それが「成長の目安」になります。

「この年齢の時はこういう行員になっていないといけないんだな」ということを明確に意識して新入行員時代を過ごすのと、目先のことに追われて、そんなことは考えられない状態で過ごすのとでは、大きな差がつきます。

もちろん、努力を重ねて、昇格していかなければ、それらは絵に描いた餅になってしまいます。ですから、皆さんが意識すべきなのは、最初の昇格でつまずかないことです。

多くの銀行では、昇格要件を満たしてさえいれば自動昇格のはずですから、証券外務員1種、生命保険一般課程、生命保険専門・変額課程、損害保険募集人資格といったエントリー資格に合格するのは当然として、銀行が定めた検定試験や通信講座などをしっかりとクリアすることが大切です。この段階では、ほとんどの同期が昇格しますから大きな変化はありません。

大きな変化があるのは、30歳代前半に、代理に該当する資格等級の昇格の時です。代理のポストは限られていますから、この段階で厳しい選抜が行われます。検定試験などの昇格要件を充たすことはもちろんですが、人事考課、業績考課、上司の推薦、昇格の筆記試験、面接などすべてが評価され、ふるいにかけられます。

こうした過程を経て、晴れて昇格できた時は「銀行はちゃんと自分のことを見ていてくれたんだな」という気持ちになり、素直にうれしく感じるはずです。評価された以上、一所懸命に頑張り、また次のステップを目指して努力をしてください。それが成長につながります。

5 早く一人前になるにはどんな努力が必要か

1の項目で、アティチュード（姿勢）とハビット（習慣）が大切だというお話をしました。姿勢が良く、良い習慣が身についていれば、早く一人前になれると思います。そういう人は、努力を続けられるからです。

社会人生活は長いです。22歳で社会に出て60歳まで働くとしても38年間、65歳までなら43年間、70歳までなら48年間になります。今、多くの銀行は定年が60歳ですが、65歳までは継続雇用などといった形で働き続けることができます。しかし、皆さんがその年齢になる頃には、もう少し長く働くのが普通になっていると予想されます。「人生80年」であれば、学生20年、社会人40年、セカンドライフ20年で問題なかったかもしれませんが、「人生１００年」となったら、セカンドライフを40年に、というわけにはいきません。そう考えると、今のお年寄りよりもさらに長生きすることが予想される皆さんは、リカレント（学び直し）も交えながら、「長く働く」ことが必要になってくるものと思われます。

社会人に最も大切なのは「継続力」

これから皆さんが迎える社会人生活は、長丁場なのです。学生時代は、高校までは3学期制ないしは2学期制、大学では前期・後期というタームで試験がありますから、それぞれの期間頑張って勉強すれば結果が出ました。志望大学への受験を、高校の3年間勉強した結果と考えても、たったの3年間です。

このように皆さんは、今まで「数カ月」「半年」「3年」といったタームで努力し、成果を上げてきました。それが、これからは、5年、10年、20年、40年のタームになります。

もちろん、その時々で、今期の成果、今月の成果、今週の成果、今日の成果と求められます。しかし、たとえ今月成果が出たとしても、結果を出し続けるには、5年、10年の積み重ねが必要です。

学生時代は、成果を上げるために最も重要なのが「集中力」だったかもしれませんが、社会人になってからは、「継続力」が大切になります。「努力を続けていく」ということです。

ですが、圧倒的な努力を続けているように見える人は、「今、自分はものすごく頑張っている」「努力をしている」と感じていないことが多いです。「努力をしていると感じない」から、努力を続けられるのかもしれません。「頑張っている」とか「努力している」ではなく、「夢中」といった感じです。

なぜ、そんなことができるかといえば、「好きだから」だと思います。だから、皆さんにも、仕事を好きになってほしいのです。「努力を努力と感じずに努力をし続ける」――そんな社会人が理想です。

急がば回れ！　使える知識を身に付けよう

では、どんな努力が必要なのか。以下に3つ挙げてみます。

①良い習慣を、長く続けること

「毎朝、余裕をもって起床し、日本経済新聞を読む」「どんなに遅く帰っても、30分は机に向かう」「嫌なことがあっても、職場に行ったら大きな声で挨拶する」「公的資格の取得計画を立て、PDCA（プラン、ドゥ、チェック、アクション）を回す」「新しい仕事に対し怖がらずに挑戦する」などなど。いろいろなことが考えられると思います。

「継続は力なり」です。半年タームの競争なら、集中力・瞬発力で結果を出せても、長いタームの競争は「コツコツ続ける力」がものをいいます。「良い姿勢」「良い習慣」をつける努力をする、ということでもあります。

②回り道を恐れないこと

ノーベル賞を受賞している科学者の多くは、研究において、とんでもない回り道をしています。最短距離で、授賞理由になった発見・研究成果を上げているわけではないのです。なぜかといえば、「早く理解したことは、早く忘れる」「すぐに役に立つものは、すぐに役に立たなくなる」からです。

インターネットは、非常に便利なツールですが、そこで得た知識は「知ってるつもり」になることが多いです。自分の足を使い、見て、感じたことは、エピソード記憶として頭に残ります。知れば知るほど、疑問や好奇心が沸いてきますから、使える知識になります。「急がば回れ」です。

すぐに答えを知ろうとして得た知識は身に付かないものですし、みんなも知っていることが多いので使えません。その知識を使って、「知恵を出す」ことができないのです。

皆さんの仕事は、正解のある問題の答えを導くというものではなく、正解のないものを、お客様と一緒に、あるいは支店のみんなと一緒に考えていくことです。そこで必要になるのは、最短距離で手にした付け焼刃の知識ではなく、時間をかけ、回り道をして得た知識と、それを使って生み出す知恵です。

これから、階段を二段跳び・三段跳びして成長し、昇格する同期が出てくるでしょう。そんな同期の姿を見て、「自分よりもずっと先に行っている」と焦ることもあると思います。しかし皆さんは、二段跳び・三段跳びなどしないで、一段ずつ、着実に階段を上っていけばよいのです。

一段一段、一歩一歩、着実に進んでいくことが、実は、皆さんを早く一人前にします。近道を通ろう、最短距離で目的地に到達しよう、楽をしよう、と思わず、愚直に、与えられた仕事、与えられた職責を全うする努力をしよう、ということでもあります。

③努力を続けられなくなったとき、もう一度努力をし始められる「火打ち石」を自分の中に持っておくこと

例えば、資格試験に落ちた、自信のある提案をお客様に断られた、上司から仕事の仕方についてダメ出しを受けた、自分の期待とは違う異動が発令された、などといった理由で、今まで続けてきた努力が嫌になってしまうことがこれから何回もあると思います。

しかし、そんな時、心の中に灯った火を完全に消してしまうのではなく、火種さえ残しておければ、また、そこに火をつけることができます。自分を鼓舞し、勇気づけ、「もう一度頑張ろう」と思わせられるような何かを自分の中に持っていれば、また努力をし始めることができるのです。それが、社会人の長い競争の中では活きてきます。「今まで、何のために努力をしてきたのか」と、これまでの努力が馬鹿馬鹿しく感じられる時が、これから必ず来ると思います。その時、再び努力をし始めようと思う努力をする、ということです。

こうして、努力する力とそれを続ける力を自分のものにできれば、皆さんの社会人生活は充実したものとなります。それが結果的に、早く一人前になることにつながります。

6 銀行員として どんな心構えを持てばいいのか

「当行はこんな学生を求めています」といったことを、就活生向けのパンフレットなどに明示している銀行は多いです。

例えば、「チャレンジ精神の旺盛な人」「主体性のある人」「コミュニケーション能力のある人」、などといった言葉が並んでいます。皆さんは、そういう人だと思われたから採用されたのだと思います。

しかし、そこで、多くの先輩も悩んだ問題が浮上します。それは「本当の自分」と「就活で採用担当者に見せた自分」が違うということです。

「本当は、前向きにチャレンジするようなタイプではない」「主体的に動くというよりも、実は受け身に回ることのほうが多い」「コミュニケーションをとるのは得意ではない」などと考え、不安でいっぱいになってしまうのです。

おそらく、皆さんの中にも同じように考えて心配になっている人がいるのではないでしょうか。特に大学生は、「授業に出ている時の自分」「サークルの時の自分」「ゼミでの自分」「バイト先での自分」「家に帰って家族と過ごしている時の自分」「ＳＮＳで発信している時の自分」と、それぞれの姿が違うという人が多いようです。ですが、それを突き詰めると「本当の自分って何なんだろう」という哲学的な話になっていってしまいます。

「採用担当者が評価した自分」を信じよう

そこで、３つのアドバイスをしたいと思います。

①たとえ就活用に作った自分であったとしても、「人事の採用担当者が評価して内定を出したのだから、銀行が期待する能力の資質はちゃんと備わっているに違いない」と考える

採用担当者は、何人もの就活生を見ていますから、「とってつけたような就活用の姿」を見せても、きっと見抜くはずです。前述した例でいえば、チャレンジ精神があって、主体性があって、コミュニケーション能力がある、という銀行のお眼鏡にかなったわけですから、自分にはその資質があると考えましょう。

②入行したら、そうした自分を演じる

皆さんの中には、部活動で部長をやったり、アルバイトでアルバイトリーダーをやったり、大学祭で実行委員をやったりした経験がある人も多いと思います。その時、皆さんは、部長を演じ、アルバイトリーダーを演じ、実行委員を演じたのではないでしょうか？　自分自身のモチベーションが上がっていなくても、「さぁ、元気出していこう」と仲間を励まし、勇気づけるリーダー像を演じたのではないでしょうか？　塾講師や家庭教師をした人は、中学生・高校生から「先生」と言われた時、皆さんは、「先生」の顔をし、「先生」の態度を生徒たちに示していたはずです。

それと同じように、皆さんは4月から、元気で、さわやかで、明るくて、素直な新入行員像を演じればよいのです。期待されるのが、「チャレンジ精神が豊富で、主体性があり、コミュニケーション能力が高い人」であれば、そういう行員像を演じてください。

演じ続けるためには、実際にそうした能力を身に付けなければいけないので、努力

が必要になります。それは、部長として、アルバイトリーダーとして、実行委員として、あるいは塾講師として、皆さんが経験してきたことのはずです。

中身がなければ、どんなにうまく演じても、仲間は認めてくれません。だから、誰よりも努力をし、名実ともにリーダーとして認められるという経験をしてきたのではないでしょうか。それを、社会に出ても実行するのです。

チャレンジ精神のある人を演じるには、その言葉のとおり何事にもチャレンジしなければなりません。主体性のある人を演じるには、積極的に動き、主体性を発揮しなければなりません。コミュニケーション能力のある人を演じるには、どんな人ともコミュニケーションを取っていかなければいけません。たくさん失敗もするでしょうが、やがて、本当にそういう能力を持った銀行員になれます。

③今の自分と、将来の自分は違うと考える

今の自分を基準に考えるのではなく、5年後、10年後、銀行という環境の中でいろいろな経験をし、成長した自分を想像してください。皆さんには、伸びしろがあります。今の自分を基準にして「私はこんなタイプだから」などと考えるのではなく、与えられた仕事・与えられた役割を夢中でこなす中で、成長した自分に合った仕事との出会いがきっとあることを信じるのです。

これから社会人になったら、辛いこともたくさんあります。しかし、楽しいことと楽しいことをつなぎ合わせても、「うれしい瞬間」は訪れません。辛いこと、苦しいことがあるから、うれしい瞬間を経験することができるのです。

それは、皆さんがすでに学生生活の中で経験してきたことだと思います。

例えば、部活動の部長として、チームをまとめきれず、悩みに悩んだ時期があったとしても、大会で入賞しみんなが1つになって喜ぶ瞬間を味わう——そんな経験がある人も多いと思います。そのうれしい瞬間で、それまでの苦しさや辛さは、お釣りがくるくらい報われます。

社会に出たら、楽しいだけの時間は減るかもしれませんが、「うれしい瞬間」はきっと増えるのです。

銀行の看板を背負っているという自覚を

マナーとしては、新入行員らしい立ち居振る舞いをすることに尽きます。この点は、新入行員研修で徹底されますので、その銀行の指示に従ってください。

通勤時の服装についても、皆さんを見た人たちは「○○銀行の行員」として認知するわけですから、その期待値にふさわしい格好を心掛けることが大切です。ファッションは「自分が好きかどうか」ですが、身だしなみは「他者がどう思うか」です。

明るく元気な挨拶を形にすることも大切です。銀行員に対する世間の期待値は、他の職業よりも高いです。そのことは、皆さんも銀行に入れば実感するでしょう。そして、皆さんの行動は、「○○銀行の行員」がしたこととして評価されます。

最後に、宴席の場での振る舞いについてです。

入行すると、歓迎会などを開いてもらえると思います。そんな時、「今日は無礼講だから」などと言う先輩・上司がいるかもしれません。しかし、そこには節度が求められます。

もし、上司がご馳走してくれたら「ご馳走様です」ときちんとお礼を言ってください。「新入行員なんだから、ご馳走してもらって当然」ではありません。

多くの先輩たちが新入行員の時、衝撃を受けたと話すのが、飲み会の翌日についてです。どんなにお酒を飲んでいても、次の日、先輩・上司は、それをおくびにも出さず、いつも通りの姿を朝から見せているはずです。その姿を見て、「これが社会人なんだ」と実感します。皆さんもきっと、同じ感想を持たれることでしょう。

なお、宴席で、皆さんが「これはセクハラだ」「パワハラだ」と不快に思うような言動、態度があれば、それは、法務室などの部署に申し出て構いません。今は、そんな人はいないとは思いますが、セクハラ・パワハラは、あってはならないことです。

また、飲み会の席で、他のお客様がいるにもかかわらず、銀行の内部情報や顧客情報を話すのは厳禁です。そのため銀行員は、個室を予約することが多いといったことも、やがて分かっていくと思います。

支店では、皆さんを迎えるにあたって、先輩たちが「もう一度マナーをしっかり確認しよう」と言って、マナーの再点検をします。皆さんにマナーを教えるのに、先輩たちのマナーができていなかったら、皆さんに示しがつかないからです。

また、挨拶の声が小さい支店に、新入行員が入り、明るく元気な声で挨拶をすることで、先輩たちも刺激されて大きな声を出すようになる、といったことも毎年よくあります。皆さんの元気な挨拶が、支店内に元気な挨拶を呼び起こすのです。

ぜひ、支店に行った初日から、新入行員らしく、元気で明るい挨拶を笑顔でしてください。

第4章

Q＆A あなたの不安や疑問を徹底解消！

Q1

実は、他の業種・同業他社とまだ迷っています…。

A どんなにたくさん内定をもらっても、入社するのは1社です。決めるまでは迷っても、決めたなら「入ったところで頑張る」と気持ちを変えましょう。

近年は、超売り手市場と言われています。3月1日、「説明会解禁」の様子を伝える新聞記事には、「真剣さが伝わってきた」というコメントが掲載されます。普通なら、このコメントは採用担当者が就活生を見ての感想だと思いますが、実は、これは就活生が採用担当者を見てのコメントです。そのくらいの売り手市場が続いているのです。

しかし、売り手市場ということは、「本来、入れないはずの企業に入れてしまう」ケースや、複数の企業から内定をもらうことで、かえって迷ってしまうという副作用をもたらします。

あなたは、本書を読んでいるくらいですから、一度は就職先を○○銀行に決めたのだと思います。しかし、最近になって迷いが出てきたのでしょう。

その理由を考えてみてください。もしかしたら、「○○銀行で働くことに対して不安になっている」――その不安から逃れるために、就活を続け、結論を先伸ばしにしているのかもしれません。だとしたら、初志貫徹で○○銀行に決め、今から、入行に向けた準備をしたほうがよいと思いませんか?

2番手行から内定をもらっている状態で、「さらにリーディングバンクの採用試験も受けてみたい」というのであれば、止めません。しかし、行風が合うなどといった理由で、2番手行を選んだのだとしたら、もう一度、入ってからのことを考えてみるとよいでしょう。ただ、内定をもらった後、大きな心境の変化があって、他の業種に魅力を感じるようになったというのであれば、思う存分、挑戦すればよいと思います。どんなにたくさん内定をとっても、入れるのは1社です。決めるまでは迷っても、決めたら「入ったところで頑張る」と気持ちを切り替えましょう。

Q2

銀行員として自分がやっていけるのか、なんとなく不安です。

A　不安は自分の将来に対して抱く感情です。今までだって、頑張ってきたのですから、自分を信じてあげましょう。

もうすぐ、あなたは学生から社会人になります。これは、今までに経験したことのない大きな変化です。アルバイトでお金を稼ぐ経験はしているとは思いますが、4月からは「職業」です。だから、不安で当然なのです。やったことがないことをやるのですから。

皆さんの同期になる内定者も、みんな不安を抱えながら、残り少ない大学生生活を送っているはずです。不安なのは、あなただけではありません。

先輩たちも、ほぼ例外なく「自分はやっていけるだろうか？」という漠然とした不安を抱えてこの時期を過ごしていました。今では立派に見える先輩たちも、今、あなたが感じているのと同じ不安を感じ、それを乗り越えてきたのです。

これは、先輩たちも「通ってきた道」、そして「乗り越えてきた道」です。だから、あなたも、きっと大丈夫です。不安は自分の将来に対して抱く感情です。今までだって頑張ってきたんだから、自分を信じてあげましょう。

そのうえで、不安の正体を探ってみませんか？

もし、「朝、起きられるかどうか？」というのなら、朝型の生活に変えてみましょう。「どんな仕事をするのかが分からなくて不安」というのであれば、今までの説明会・内定者研修で配布された資料を見返して、銀行の仕事を具体的にイメージできるようにしましょう。漠然とした不安の正体を暴けば具体的な対策が打てます。

しかし、それでも「不安が消えない」という方もいると思います。その場合は、「不安を味方にする」と捉えてみましょう。

スポーツ選手は、「不安をバネに練習した」などとよく言います。皆さんの中にも、これまでの人生の中で、不安を打ち消すために夢中になって頑張った経験がある人も多いと思います。不安は、決して悪い奴ではありません。今までもずっと付き合ってきた感情ですし、これからもずっと仲良くしていく友達のようなものなのです。

Q3

いじわるな先輩や上司はいませんか？

A 「一人もいない」とは言い切れません。ですが、相手があなたにいじわるをしてやろうと思っていなくとも、あなたが、それをいじわるだと感じるケースはあるかもしれません。

いじわるな人は、どこにでもいます。「銀行には一人もいません」などと言うつもりはありません。ただ、本当はいじわるではないのに、あなたが、それをいじわるに感じてしまうケースもあると思います。

例えば、事務処理の仕方について、先輩に「教えてください」と聞きに行ったとき、「悪いけど後にしてくれる」とつっけんどんに言われたとします。そして別の日に、同じように聞きに行ったら、今度は「今教えている暇はない。忙しいのが見て分からない？」と言われたとします。こうなると、「この先輩はいじわるだな」と感じるはずです。

ですが、一度立ち止まって考えてほしいのです。もしかしたら以前、その先輩に仕事を教えてもらったとき、あなたは「新人なんだから教えてもらって当然」といった態度をとり、感謝の気持ちを伝えておらず、先輩はそれを根に持っているのかもしれません。だとしたら、今からでもそのときの感謝を伝えてみてはどうでしょう。

あるいは、質問に行くタイミングが、本当に悪すぎる可能性もあります。あなたが忙しい時は、先輩も忙しいというのが職場です。ですから、緊急を要する質問以外は、先輩の手の空いた時間帯を狙って聞きに行くとよいでしょう。親切に教えてくれたら、「Aさんはいじわる」というイメージは、あなたが作り出した誤解だったことになります。

新入行員のうちは、「好感力」が大切だとよくいわれます。皆さんにも、サークルなどで「この子はつい面倒を見てあげたくなる」と思うような、可愛い後輩がいたと思います。今度は、あなたがそういう後輩になればいいのです。

Q4

お休みはきちんと取れますか？

A　土日、祝日が休めるから銀行を選んだという方もいるはずです。休みはきちんと取れますから安心してください。

社会人になったら、休みが少なくなると感じている人は多いと思います。確かにそうなのですが、それでも土日祝日で年間130日程度は休みがあります。これに、銀行独自の休暇制度が加わります。例えば、1週間の連続休暇、リフレッシュ休暇、記念日休暇などです。新入行員には、10月以降、有給休暇が10日間付与されます。併せれば140日以上はお休みです。1年は365日ですから、3日に1日の割合で休んでいる計算になります。

新入行員からは「社会人になったら、休日のありがたみが学生時代とは違う」という感想をよく聞きます。それだけ、平日は頑張って仕事をし、土日を迎えているのでしょう。

休日出勤は、原則としてはありませんが、融資担当であれば、自己査定が集中する7月に出勤することがあります。その場合は振替休日が取れますので休みが減るわけではありません。

また、地域のお祭りに参加することもあります。これは、自主的なものなので振替休日はありませんが、若い皆さんは結構楽しんでいるようです。

銀行は、「暦どおり」に休みがとれるうえに休暇制度が充実していますので、休みが多く、かつ、それをしっかりとれる職場です。どうぞ安心してください。

Q5

どのくらい忙しいのですか？　残業はありますか？

A　実は「15時にシャッターが閉まってから」が忙しいです。ですが、最近は働き方改革で早帰りが進んでいます。残業はしにくい環境です。

以前、違う業種の人から「銀行は15時に店が閉まるから、早く終わっていいですね」と言われたことがあります。もちろん、そんなことはありません。15時にシャッターが閉まってからが忙しいです。

ですが、最近は働き方改革により、早帰りが進んでいます。残業はしにくい環境です。実際、残業時間はRPA（ロボティック・プロセス・オートメーション）による事務の自動化やペーパーレスなどで大幅に減っています。

皆さんが入行する銀行も、おそらく平均の残業時間は月15時間〜20時間といったところではないでしょうか。残業をするには上司の許可がいりますが、最近はそれを認めてもらえず、早く終わるように言われることが増えています。最終退行時間（支店で一番最後に帰る行員の時間）も平均すると19時前になっている銀行が多いはずです。特定の日を「定時退行」（早帰り日）とするといったことも多くの銀行で行われています。例えば、水曜日が早帰りであれば、その日に友達と会うとか、映画を見に行くなど予定を入れることができます。一般的には、銀行の勤務時間は8時45分から17時までです。

シャッターを開ける（開店）のは、午前9時です。新入行員は、来店されるお客様に、元気な声で「いらっしゃいませ」と声をかけます。お昼休みは交代で取ります。11時～12時、12時～13時の2交代が一般的ですが、3交代にしているところもあるようです。15時になると閉店です。そこから、テラーは現金を締めます。皆さんはおそらく、はじめは内部事務か融資事務を担当しますので、書類の整理、稟議書の作成といった仕事をします。

銀行はお金が1円でも合わないと、合うまで残業するというのは本当です。その場合、伝票を全員でチェックします。忙しい毎日になるとは思いますが、充実していますし、他の業界と比べても比較的早く帰ることができると思います。

Q6

お給料はどのくらいですか？

A　銀行の給与体系は、若いうちは少ないのですが、昇格していくにつれて上がります。２０２２年の会社員の平均年収は４０３万円ですが、銀行員（69行）の平均年収は６１８万円です。

企業説明会などで配布される資料には、初任給は載っていますが、給与水準等のデータはありません。ですから、皆さんは、自分が入る銀行の給与水準や給与体系をほとんど知らないで就職を決めているものと思われます。

企業説明会などでは、「何でも聞いてくださいね」と言いますが、「お金」の質問は正直、ほとんど出ません。それは、就活生の皆さんが、「こんな質問をしたら不利になるのではないか」と考え、遠慮しているからではないかと思います。

しかし、実際には知りたい、聞きたい情報でしょう。おそらく皆さんの多くは、「銀行は給料が高いに違いない」と考えているものと思われます。

その通り！　銀行の給料は高いです。２０２２年の会社員の平均年収は４０３万円ですが、銀行員（69行）の平均年収は６１８万円となっています。皆さんが入行する銀行については、インターネットで決算短信を見れば、平均年収とその平均年齢が分かります。リーディングバンクでは、38歳で７５０万円といった水準です。

これからのことは分かりませんが、少なくとも、現時点では、銀行員の給与水準は他業態に比べ優位性があります。

ただし、若いうちは決して高くありません。昇格と共に上がっていくという給与体系なので、代理、課長、次長、支店長と職位（役職）が上がるにつれて、給与も上がっていきます。当然ですが、男女の差はありません。また、年功給でもないので、同じランクの支店の支店長であれば、年齢に関係なく同じ給与水準になります。

皆さんの銀行の給与水準・給与体系については、新入行員研修の人事制度の説明の中で明示されると思います。それを楽しみにしていてください。

Q7

資格試験の勉強で大変と聞きますが…。

A 正直に言えば、大変です。ですが、勉強は、「しなければならない」と思えば「義務」ですが、「することができる」と考えると「権利」になります。

確かに、資格試験の勉強は大変です。皆さんは、入行までに証券外務員1種に合格することを求められているはずですが、入行してからも、新入行員のうちに「生命保険一般課程」「生命保険専門・変額課程」「損害保険募集人資格」を取得しなければなりません。

これらは、「その資格がないと関連する仕事ができない」というもの（エントリー資格）ですから、どの銀行に入っても、最初の1年間で合格することが強く要請されます。決して難しい試験ではありませんので、しっかり勉強すれば合格できます。

銀行によっては、このほかに、内定者の段階で3級FP技能士、新入行員のうちに日本証券業協会の内部管理責任者を取ることが求められます。

また、皆さんが昇格するにあたって必要となる要件のことを「昇格要件」といいますが、その中に、金融財政事情研究会が実施する「金融業務能力検定」の実務コース、預金コース、融資コース、銀行業務検定協会が実施する「銀行業務検定試験」の法務3級、税務3級、財務3級などに合格することが組み込まれている銀行もあります。

最近は、「この試験に合格すると×点」「この資格等級に昇格するには×点が必要」という「ポイント制」を採用している銀行が多いようです。これらの試験は、「これがないと仕事ができない」というわけではありませんが、勉強をすると役に立ちます。

新入行員のうちに、「実務コース」や「財務3級」などに合格する人も少なくありません。勉強は1年目だけではなく、ずっと続きます。多くの先輩たちが「大学生の時よりずっと勉強している」と言います。中小企業診断士やCFP®などに挑戦している行員もたくさんいます。勉強は、「しなければならない」と思えば「義務」ですが、「することができる」と考えると「権利」になります。銀行員は、たくさん勉強し、それを使って仕事をして感謝される素晴らしい職業です。

Q8

半沢直樹の世界って、どこまでが本当なのですか?

A ドラマ『半沢直樹』は、細部はリアルですが、大筋は「ありえない」です。とてもよくできた勧善懲悪のエンターテインメントだと思ってください。

『半沢直樹』は、２０１３年にオンエアされたＴＢＳのドラマです。最高視聴率は42・２％。「やられたらやり返す。倍返しだ」というセリフは流行語にもなりました。著者は、元都市銀行員で、近代セールス社から融資の実務書も刊行している池井戸潤さん。池井戸さんは、おそらく銀行員の間で最も人気のある作家です。

主人公の半沢直樹は１９９２年入社のまさにバブル入社世代。原作は『オレたちバブル入行組』『オレたち花のバブル組』というタイトルです。前者が「第一部・大阪西支店編」、後者が「第二部・東京本店編」の原作になっています。

ドラマは、支店長が不正融資の責任を半沢になすりつけたり、金融庁検査で暴言が吐かれたり、書類を隠したり、常務が取引先の社長失脚を画策したり、その常務を次長である半沢直樹が役員会で土下座させたり、といった荒唐無稽な内容でした。

この内容に対し、銀行員が憤慨して見ていたかというと、そんなことはありませんでした。多くの銀行員は、毎週楽しみにし、月曜日はこの話題でもちきりでした。

その理由は大きく3つあると思います。1つ目は、今まで取り上げられることの少なかった「銀行」が舞台のドラマであることが単純にうれしかったこと、2つ目は、上司に対する不満や監督官庁に対する気持ちを主人公が代弁してくれていたこと、3つ目は主人公と同期の固い絆、チームで仕事をする銀行の良さがしっかりと描かれていたことです。

ドラマ『半沢直樹』は、細部はリアルですが、大筋は「ありえない」です。とてもよくできた勧善懲悪のエンターテインメントだと思ってください。また、機会があれば、原作も読んでみてください。半沢直樹の町工場を営む父親は自殺しておらず、その復讐のために銀行員になったわけではない、など、多くの発見があると思います。

Q9

出世コースの人は入社時から決まっていると聞きますが、本当ですか?

A　学歴や採用時の評価で、期待度の高い新人はいるかもしれません。しかし、基本は横一線。みんなに活躍してほしいというのが銀行の本当の気持ちです。

皆さんは、自分や同期がどこに配属されるのかということに対して、高い関心を寄せていると思います。例年、配属先が発表になると、「××君は、本店営業部だから出世コースだ」とか「××さんは基幹店の配属となった。やはり○○大学出身は強い」などといった会話が交わされます。そして、何人かは「自分は小さな店舗に配属されたから期待されていない」と感じ、がっかりする人がいます。

配属先の発表を機に、対等でフラットだった新入行員同士の関係が崩れ、優劣、序列といったものができることもあるようです。しかし、銀行が、そこまでの意図をもって配属先を決めることはまずありません。新入行員をランク付けして、支店のランクに当てはめるなどといったことは行われていないからです。

学歴や採用時の評価で、期待度の高い新人はいるかもしれません。しかし、基本は横一線。みんなに活躍してほしいというのが銀行の本当の気持ちです。

例えば、本店営業部やエリアの基幹店は、たしかに「この人を」という人選がされることがあります。その人選は、大学名や採用時の筆記試験、ＳＰＩ、面接での受け答え、内定者研修での立ち居振る舞い、グループワークや発表などが評価対象となります。その人たちは、高校時代に頑張って良い大学に入り、しっかりとした準備をして就活をしたから評価が高かったのですから、それは素直に認めたいと思います。

しかし、その人たちに出世コースが約束されているといったことはまず考えられません。入行時の評価で将来を保証するほど、今の世の中は甘くないです。その人は学生としては優秀でしたが、社会に出て優秀と言われるためには成果が求められます。プロ野球のドラフト会議で上位に指名されたからといって、活躍が保証されていないのと同じです。入ってからが勝負です。そのことを肝に銘じてください。

Q10

髪型や服装はどこまで自由にしてよいのですか？

A 支店への初出勤は、就活時の髪型・服装が無難です。その後は、先輩たちの様子を見て、変えていきましょう。

内定者と個人面談をする際、内定者が茶髪だったり、派手なネイルをしていたりすると、採用担当者は「この学生は就活を辞めたんだな」と安心するものです。

「内定者懇親会の時には、髪は元の明るさに戻さないとまずいですか？」などといった質問も多く受けます。そういった質問を受けた時も、採用担当者は「この学生は絶対うちにくる。内定辞退はないな」などと感じているものです。

内定者懇親会の時は、皆さんの身分は「大学生」ですから茶髪でも構いません。しかし、4月1日からは銀行員です。そこでは、その銀行のルールに従いましょう。新入行員研修では、女性はリクルートスーツで出勤し制服に着替えて講義を受けます（制服がない銀行はリクルートスーツのまま）。男性は、黒か紺色のスーツが多いです。

3週間〜2カ月の研修を経て、皆さんは支店に配属となります。支店に行っても、ずっとリクルートスーツというわけではありません。どこかのタイミングでもう少し自由になります。ではどうすればよいのか。支店への初出勤は、就活生の時の髪型・服装が無難です。その後は、先輩たちの様子を見て、徐々に変えていきましょう。

髪の色は、日本ヘアカラー協会（JHCA）がレベルを制定しています。そのレベルスケールで6または7が銀行の許容する明るさだとされています。地毛の違いもありますから、一律ではありませんが、目安の1つとなります。

ここで大切なのは、「お客様が見てどう感じるか」という点と、「仕事のしやすさ」です。前髪が目にかかるような髪型では仕事がしにくいです。ファッションは、自分の好みですが、身だしなみは、相手が見てどう思うかです。銀行員としてお客様に見られる時、どう思われるかが基準となるということです。

とはいえ、最近はかなり自由です。支店の先輩たちを見たり、アドバイスを受けたりしながら、許される範囲内で髪型や服装のおしゃれを楽しんでください。

Q11

文学部出身で経済のことはよく分かっていないのですが…。

A　今は、銀行員イコール経済学部、経営学部、商学部出身ではありません。いろいろな学部の出身者がいて活躍していますから安心してください。これからじっくり、経済について学んでいきましょう。

入行前の研修などで、同期となる内定者と自己紹介をし合い、それぞれの出身大学や学部については聞いていることと思います。その学部について、どんな感想を持ちましたか？　おそらく「いろんな学部の人がいるなぁ」と思ったのではないでしょうか。

これから10年間、首都圏の私立大学は定員を増やすことができませんので、新しい学部を増やすには既存の学部の定員を削る必要があります。ですから、ブレーキがかかってしまう恐れがありますが、この数年は、新学部の創部ラッシュともいえる動きが続いていました。実際、１９９０年に１３０６だった学部数は、２０２２年には

２５１１に増えています。例えば、人間科学部、異文化コミュニケーション学部、リベラルアーツ学部、グローバル○○学部といった学部が新設されています。

今の時代、銀行員イコール経済学部、経営学部、商学部ではありません。いろいろな学部の出身者がいて活躍していますから安心してください。これからじっくり、経済について学んでいきましょう。

銀行は研修体制が充実していますから、そのカリキュラムを利用して、経済についての知識を習得することができます。資産運用系の研修では、株式、債券、ＲＥＩＴ（不動産）やそのマーケットについて学びますが、その際、ＧＤＰや経済成長率などといった経済の基本的な知識についても解説がされます。また、生きた教科書である「日本経済新聞」を毎日読み続けることで経済が分かってきます。安心してください。

ただし、努力は必要です。そのうえで、例えば文学部出身だったら「語彙が豊富で、分かりやすく説明することができる」といったアドバンテージを活かせば、きっと良い銀行員になれるはずです。

Q12

英語はどこまで必要ですか？

A　就活の際、一定以上のTOEICの点数が求められた、英会話が研修カリキュラムに入っている、昇格要件にTOEICの点数が入っている、などといったことがあれば、その銀行では英語が必要です。

都市銀行の中には、国内の融資業務から得られる収益よりも、海外部門から上がる収益のほうが大きいところがあります。融資業務は銀行の本業といわれてきた中枢中の中枢ですから、ビジネスモデルが変わってきていることが分かります。採用時にも、TOEIC○点以上といった基準を設け、明示している銀行があります。

地方銀行ではどうかというと、地方でも海外進出する企業がかなりのスピードで増えており、そのサポートをするために英語の必要性が増しています。海外拠点も増加していますし、海外での商談会参加といった業務も多くなっています。この動きは今後、さらに加速していくことが予想されます。そのため、土曜講座などで英会話を実施したり、英会話スクールの受講を奨励する銀行が増えています。また、昇格要件に、TOEICで一定以上の点数をとることを入れたり、ポイント制のポイント付与対象資格に、英語検定試験やTOEICの点数を入れる動きも見られます。

就活の際、一定以上のTOEICの点数が求められた、英会話が研修カリキュラムに入っている、などといったことがあれば、その銀行では英語が必要です。

メーカーや商社では、英語を社内の公用語としている会社や、TOEIC800点以上を必須としている会社があります。銀行でも、国際部門で働くには800点以上が必要といった基準を作っているところがあります。この動きは、地域金融機関にも波及していくものと思われます。

アフターコロナで皆さんの街にも、外国人の姿が戻ってきていることでしょう。多くの地方が、海外観光客の増加による地方創生を志向しています。外国人と英語で話す機会は、地方であっても増えていきます。ですから、英語は、銀行で必要か否かにかかわらず勉強することをお勧めします。

Q13

人員削減が進められていると聞き、将来が不安です…。

A　RPAによる業務の効率化は、今後さらに進むはずです。ですから、AIで代替されないスキルを身につけて、皆さんの若い力で、新しいビジネスモデルを作っていきましょう。

都市銀行が相次いで、人員削減計画を発表したのは2017年末のことでした。例えば、みずほ銀行は2026年までに1万9000人、三菱UFJ銀行は2023年までに9500人、三井住友銀行は2020年までに4000人を削減するとしました。それに伴い、2019年の採用人数も大幅に減少。みずほ銀行は前年の1365人から700人、三菱UFJ銀行は1050人から945人、三井住友銀行は800人から650人という具合でした。メガバンク3行の2024年の新卒採用は8年ぶりに前年比増となる計画ですが、合計で1200人強であり、ピークだった2016

年の５２００人と比べると4分の1以下の水準です。

都市銀行の人員削減計画は、ＲＰＡ（ロボティック・プロセス・オートメーション）で事務の効率化を進める、インターネットによる金融サービスの代替により店舗の数を削減する、といった施策に基づくものです。

みずほ銀行は、ＲＰＡにより、バックヤードの１００業務について30万時間分の人手を削減するとしています。これはすごいことです。しかし、テレビのニュースなどでは、その部分はほとんど伝えられず、「厳しさを増す収益環境の中でリストラを進める」といった報道がされました。

メガバンクは、リストラ（解雇）を行うのではなく、採用を絞り、毎年大量に出る定年退職者による自然減で人員を調整しようという計画です。メガバンクにおいても雇用は守られるのです。まして、地域に根差し、地域の雇用を守ることを使命としてきた地域金融機関が、リストラをすることは考えられません。

ＲＰＡによる業務の効率化は、今後さらに進むはずです。ですから、ＡＩに代替されないスキルを身につけて、皆さんの力で新しいビジネスモデルを作っていきましょう。未来は、皆さんのものなのですから。

Q14

銀行の収益力が落ちていると聞きますが、大丈夫ですか？

A 「銀行の収益力」を気にするのは就活生の視点。「自分の銀行の収益力」はどうですか？　それを見たら、「厳しいとはいうけれど、地元でこれだけの利益を出している会社はめったにない」と感じるはずです。

確かに銀行には逆風が吹いています。２０１６年2月のマイナス金利政策導入以来、銀行が融資する際の適用金利が一層低下し、利ザヤが縮小しました。年０・７％といった住宅ローン金利は、マイホームを建てるお客様にとってはうれしいことですが、銀行にとっては「儲からない」ということになります。

多くの企業は今、内部留保が潤沢ですから、「お金を借りたい」というニーズが乏しく、「借りてくれる先がない」という声が融資の現場からは聞こえます。それに対し金融庁は「そんなことを言っていないで、ソリューション営業で自ら資金ニーズを作り出しなさい」と言いますが、それはなかなか大変です。

ですが、銀行の中には、事業承継・M＆A、海外進出支援、補助金・助成金のアドバイスなどといったコンサルティング業務に力を入れて手数料収入を伸ばすなど、今までにない変化がある先も見られます。都市銀行は、国内融資よりも海外事業の収益のほうが大きい銀行があるように、グローバル展開を加速させています。

このように、金利の低下、貸出金需要の低迷などにより、銀行の収益が厳しい状況にあることは確かですが、新しいビジネスの芽は見え始めています。

首都圏、三大都市圏での収益用物件に対するアパートローン（シェアハウス問題もあり、見直しは必要ですが）や、インターネット支店などで全国のお客様を対象とした金利の高いカードローンなどに注力する地方銀行もあります。また、リアル店舗数の削減、ＡＩによる業務の効率化、再編によるコストの軽減なども志向されています。

「銀行の収益力」を気にするのは就活生の視点。「自分が入行する銀行の収益力」はどうですか？　それを見たら、「厳しいとはいうけれど、地元でこれだけの利益を出している会社はめったにない」と感じるはずです。皆さんが入社するのは、リーディングカンパニーなのですから。

Q15

銀行特有の文化や常識ってありますか？

A 銀行特有の文化や常識はあります。世間では「真面目」は「つまらない人」の同義語だそうですが、銀行員はそう言われると喜ぶ人が多い組織かもしれません。

銀行特有の文化や常識はあると思います。皆さんも、就活の際にそれを感じたかもしれません。ＩＴ企業やベンチャー企業のようなところに比べ、「就活生のスーツの色が黒ばかりだった」「眼鏡の学生が多かった」といった感想は毎年聞かれます。

例えば、グループディスカッションの際、外資系企業や商社、メーカーでは、独創的で斬新な発言をする学生が評価されていた気がするが、銀行ではみんなをまとめる役割を果たした学生が評価されていたように感じる、といったことはないでしょうか。

確かに銀行では、「今の方の意見に反対です。理由は３つあります」と発言する学生よりも、「今までに出た意見をまとめると、…ということですね」と発言する学生のほうが評価されると思います。そこからして銀行の文化なのでしょう。

銀行は、スタンドプレーで目立つよりもチームプレイヤーが好まれます。それは、チームで仕事をする職場だからです。また、店舗数が多いため2年、3年で異動があります。人が変わっても同じ成果を上げるためにはチームプレイが大切なのです。

よく言われるように、銀行員は1円でもお金が合わないと、合うまで帰れません。「1円のために、残業代をかけるのは非効率」という考えが世間の常識かもしれませんが、銀行員にとって「お金を合わす」ことはそれくらい大切なのです。

一方、銀行は減点主義とか、一度失敗したら敗者復活戦のない業種などとも言われますが、それは変わってきていると思います。

世間では「真面目」は「つまらない人」の同義語だそうですが、銀行員はそう言われると喜びます。そうではない人もいるかもしれませんが、命の次に大切なお金を扱い、信用で勝負する銀行員にとっては、真面目は褒め言葉なのです。皆さんも、面接での受け答えから「真面目さ」が買われて、内定を得ているのかもしれません。

Q16

女性が働きやすい職場ですか？　昇進はできますか？

A　女性が輝くことができる職場であることは保証します。働きやすさについては課題がたくさんありますが、「働き方改革」で良い方向に向かっています。昇進については男女の差はありません。

銀行は女性がイキイキ活躍することができる職場だと思います。支店の顔であるテラーはほぼ女性の独壇場ですし、資産運用の相談業務も、お客様から選ばれるのは圧倒的に女性の担当者です。ある新任支店長が、「私が病気で休んでも業務に支障はないが、3人のテラーが休んだら店のシャッターを開けることができない」と言っていましたが、まさにそのとおりなのが支店です。

皆さんの中にも、「銀行に入ってやりたい仕事は何ですか？」という採用面接での質問に対し、「テラーです」「資産運用業務を担当したいです」などと答えた方がいると思います。

ですが、「女性が働きやすい職場か？」と聞かれると、すぐに「はい」とは答えにくい部分もあります。「女性が輝くことができる職場であることは保証します。一方で、これは銀行に限ったことではありませんが、働きやすさについては課題がたくさんあります。その部分については、『働き方改革』で良い方向に向かっています」というのが正確な答えだと思います。

銀行は、かつて「長時間労働」が当たり前でした。それは、家事、育児と仕事を両立させる女性にとって大きなネックでした。また、銀行に限らず、男性が長時間労働できるのは、「専業主婦」がいたからだという指摘もあります。つまり、女性の犠牲、献身の上に、日本の長時間労働は存在していたということです。

しかし、もうそんな時代ではなくなりました。今、世の中は大きく動いています。銀行も早く帰れるようになってきました。「女性は早く帰って」という指示が許された時代もありましたが、今は「全員で早く帰ろう」に変わっています。銀行は、本気で「働き方改革」に取り組んでいますから期待してください。

なお、昇進については男女差はありません。

Q17

結婚・子育てをしながら働けますか？

A　銀行は、皆さんに長く働き続けてほしいと思っています。そして皆さんのまわりには、ロールモデルになる先輩がたくさんいます。

多くの銀行は今、女性の「継続就労支援」と「キャリア開発支援」という2つの施策に真剣に取り組んでいます。

前者の「継続就労支援」は、「出産しても、育児をしながら辞めずに働いてください。そのサポートをします」というもの。例えば、育児休業を法定よりも長い、子どもが2歳になるまでとする、時間短縮勤務を小学校の就学始期までとする、といった形です。

地銀64行には「地銀人材バンク」といって、結婚等によって他県に転居し、就労が不可能になった行員に、転居先の地銀を紹介し、正行員として雇用する制度があります。

また、ジョブ・リターン制度といって、一度は退職したとしても、一定期間内であれば正行員として復職できる可能性のある制度もあります。

後者の「キャリア開発支援」とは、今よりも上位の資格に昇格したい、管理職になりたいと考える女性をサポートすることです。最近は、「働き方改革」で、生産性を上げて「早く帰る」ことが、大きなテーマになっています。サテライトオフィスやテレワークといった形で、柔軟な働き方も可能になってきつつあります。家事・育児と仕事を両立する女性にとって、「働き方改革」は大きなフォローです。

男性の意識改革も必要です。ですから、多くの銀行で「イクメンセミナー」「イクボスセミナー」が開催されています。育児をする男性、育児を応援する上司が増えれば、「管理職になって頑張ってみようかな」と思う女性が増えるはずです。

どの銀行にも、「あんな人になりたい」と思えるようなロールモデルがいるものです。ですから、そうした人の話を研修などで聞く機会を作る、といったことも多くの銀行がやっています。女性の管理職の数はまだまだ少ないのが実情ですが、これからの時代、部下を持ってバリバリ働く女性が銀行には必要です。それは、女性の皆さんのためでもありますが、それ以上に、銀行が成長していくために必要なのです。

Q18

入行してすぐ結婚しても問題ないですか？

A 問題はありません。家庭を持つことを励みに、仕事も頑張ってください。

例えば、採用面接で、女子学生からこの質問が出たとします。それに対し、面接官が「業務を覚えなければならない大変な時期に結婚したら、仕事に支障をきたすから、結婚はもう少し落ち着いてからにしてほしい」などと答えたら、今の世の中では完全にアウトです。この就活生が面接で落とされたとしたら、この質問のせいだと考えるでしょう。

実は、少し前までは、「恋人はいますか？」「結婚は何歳くらいでするつもりですか？」といった質問が採用面接でされていました。しかし、このような質問は、今のスタンダードでは許されません。なぜなら、「すぐに結婚しそうだから落とす」などということが、採用選考で行われてはいけないからです。

また、「男子学生にも同じ答えをするか？」という問題もあります。「女子学生は、結婚したら退職してしまうかもしれない。すぐに辞められてしまっては、研修が無駄になる」などと考え、「男子学生は、結婚しても辞めるはずはない」と考えるとしたら、それは「男女差別」です。

ですから、この質問に対する答えは、「問題はありません。家庭を持つことを励みに、仕事も頑張ってください」ということになります。銀行は、あなたに期待して内定を出しています。自行で活躍してもらいたいと思っています。ですから、好きな人と結ばれ、一緒に生活することをモチベーションにしてください。

もし、早期に退職するということになっても、銀行に入ったことを良い経験にして、それからの人生に活かしてください。銀行員の結婚時期は、二極化していて、学生時代の恋人と結婚する人はものすごく早いです。その点も安心してよいと思います。

Q19

やりがいはどんなところにありますか?

A　お客様に「ありがとう」と言われた時、本当にうれしいです。自分がお客様の役に立っている、なくてはならない存在になれている、この地域に貢献できている、そう感じる瞬間、銀行員になってよかったと思うことでしょう。

あなたは今まで、どんな時にやりがいを感じましたか? おそらく、うまくいかなくて苦しい場面を乗り越えて、何かを達成した時ではないでしょうか。

銀行員になったら、やりがいを感じることがたくさんあります。しかしそれは、楽をして手に入るものではなく、大変な思いをした後に得られるものであることは頭に置いておいてください。

では、どんな時にやりがいを感じるでしょうか。私は、お客様に「ありがとう」

と言われた時、本当にうれしいです。皆さんも、自分がお客様の役に立っている、この地域に貢献できている――そう感じる瞬間、銀行員になってよかったと思うことでしょう。

例えば、あなたが提案した商品を購入してもらい、「いい商品を紹介してもらえたわ」と感謝される時。相続対策の方法を提案して、「ずっと悩んでいたのだけど、あなたに相談してよかった」と言われた時。これらは、銀行員という形のないものを商品とする職業だからこそ得られる喜びかもしれません。

「あなたが担当者でよかった」「あなたに相談してよかった」――。そんな言葉をたくさんもらい、「自分は役に立っている」「頼りにされている」と感じる瞬間の達成感を、皆さんにも早く味わってほしいです。

Q20

離職率が高い業種と聞くけど、どうしてですか？

A ノルマに対するプレッシャー、出世競争、顧客からのクレーム、取得しなければならない資格の多さ、人間関係など、いろいろなことが考えられます。これらはやりがいにつながることなのに、もったいないです。

2019年3月新規大卒就職者の、就職後3年以内の離職率（厚生労働省調べ）は、31・5％でした。「3年3割」と言われるとおりです。社員数の少ない会社ほど高く、銀行の多くが該当する1000人以上では25・3％でした。

離職率の高い業種は、「宿泊・飲食サービス業」の49・7％、「生活関連サービス業・娯楽業」の47・4％、「教育・学習支援業」の45・5％、「医療・福祉業」の38・6％、「小売業」の36・1％であり、「金融・保険業」は25・1％。銀行の離職率が高いことは事実ですが、データを見る限りでは、突出して多いわけではなさそうです。

ただ、多くの地方銀行が、せっかく育てた行員が離職してしまうことに危機感を持っていることは確かです。どうすれば、銀行員の仕事を楽しいと感じてもらえるか。それが大きなテーマとなっています。こうしたことは「平均」を見てもあまり意味がありません。入行する銀行に、離職率はどうなのか、直接聞いてみるとよいと思います。人事担当者に聞きづらい場合は、配属先の支店で「先輩の年は何人入行したのですか？」「今残っている人は何人ですか？」と聞けばだいたいのことは分かります。

離職の理由としては、ノルマに対するプレッシャー、出世競争、顧客からのクレーム、取得しなければならない資格の多さ、人間関係など、いろいろなことが考えられます。これらはすべて、やりがいにつながることなのに、もったいないです。

銀行員は転職がしやすいということも原因の1つかと思います。「元〇〇銀行員というブランド」が転職市場で人気なのです。銀行員は一定の学歴、学力があり、きちんと教育されているという評価がされています。公務員になる人も多いようです。

これからの時代は、ステップアップするための転職は「あり」なのかもしれません。しかし、たった3年程度では、銀行員という職業の面白さ、醍醐味を味わう前であることも確かです。やはりもったいないと思います。

Q21

教えてくれる先輩と気が合わない場合はどうしたらいいですか？

A　あなたのほうから歩み寄りましょう。趣味の話などをすると、一気に距離を縮めることができるかもしれません。あなたが先輩を好きになれば、先輩も、あなたを好きになってくれます。

支店に配属されると、仕事を教えてくれる「指導員」「インストラクター」と、悩みを聞いてくれたり、アドバイスをしてくれたりする「メンター」がいると思います。その先輩たちが、あなたの面倒を親切にみてくれます。

こうした先輩と、気が合わないケースは確かにあるでしょう。あなたがスピーディにこなした事務処理に対し、「この事務処理にどういう意味があるのか、しっかり考えて作業しないとダメだよ」と言う先輩もいれば、「この伝票をふるのはどうしてですか？」と聞いたことに対し、「そんなことはいいから早くやりなさい」と言う先輩もいるかもしれません。

後者は、それだけ聞くとひどい先輩のようですが、お客様が「何分待たせるのか」とイライラしている場面でされた会話だとしたら、先輩の言うとおりです。

人間ですから、「合う」「合わない」はあります。そんなときは、あなたのほうから歩み寄りましょう。先輩に、趣味や好きなスポーツ、最近見た映画、読んだ本、行ったライブの話をしてみてはいかがでしょうか。仕事の時の先輩とは意外にギャップがあったりして、一気に距離を縮めることができるかもしれません。こうしたことで、あなたが先輩を好きになれば、先輩もあなたを好きになってくれるはずです。

あなたが、「先輩と気が合わない」と悩んでいる時、先輩も「後輩が心を開いてくれない」と悩んでいるかもしれません。案外、そういうものです。だから、あなたのほうから先輩の懐に飛び込むのです。今から心配する必要はないと思いますが、もしそのような状態になったら思い出してみてください。

Q22

職場の雰囲気がギスギスしているという噂を聞き、心配しています。

A　まだ配属先も決まっていない中で、そんなことを心配するのは時間がもったいないです。噂よりも、自分の目で見たことを信じましょう。

今までの人生で、悪い噂が本当だったことはどのくらいあったでしょうか？

例えば、部活動で「あの先輩は怖いよ」と言われたけれど、そんなことはなかったとか、ゼミの先生がものすごく厳しいと聞いたけれど、入ってみたらそんなことはなかったとか、よい意味で裏切られたことのほうが多いのではないかと思います。

そこで思い出してほしいのです。そんな噂をあなたにしたのはどんな人だったかを。おそらく、部活動についていけなくて退部した人、ゼミで挫折した人などではないでしょうか。

この時期、耳に入る銀行のよくない噂は、たいてい、そういう人から聞く話だと思います。

「銀行に入ったけれど、すぐに辞めてしまった先輩」の話は、やはり、割り引いて考える必要があります。あなたはすでに、何人ものその銀行の先輩と会っているはずです。その人たちは、どんな人たちだったでしょうか？　インターンシップ、就活準備セミナー、企業説明会、学内セミナー、採用面接で接した行員たちがよかったから、その銀行に決めたはずです。噂よりも、自分の目で見て来たことを信じましょう。配属先も決まっていない中で、そんなことを心配するのは時間がもったいないです。

もちろん、人事の採用担当者や、説明会に先輩として呼ばれるような行員は、その銀行を代表する人です。支店に行けば、そんな人ばかりではありません。しかし、多くの場合、「良い人」と「悪い人」がいるわけではなく、あなたに「合う人」と「合わない人」がいるだけです。新入行員になるのだから、あなたが合わせればよいのです。配属になって、本当に「ギスギス」していたら、その時また考えましょう。不安の種に水をやらないようにしてください。

Q23

目標数字が達成できるかどうか不安です。

A　あなたが採用面接の際に「銀行に入ってしたいこと」としてアピールした内容は、営業活動を通して実現することだったと思います。目標数字を達成するのは大変ですが、それは「やりがい」とセットのものです。

入行1年目から営業を担当し、目標数字が与えられる銀行もあれば、新入行員のうちは事務の習得に専念し、目標数字がつくのは2年目以降という銀行もあります。入行する銀行がどうなっているか、まずは聞いてみるとよいと思います。

目標数字がつくのは2年目からということであれば、その心配は先送りして、今は考えないようにしましょう。

1年目から目標がつくということであれば、どんな項目なのか聞いてみてください。おそらくは、ボーナス時の定期預金獲得、クレジットカード、投資信託などだと思います。これらは、研修を受け、支店で先輩に教えてもらってお客様と接することになるはずです。いきなり「やってみなさい」などと言われることはありません。

例えば、ボーナス時期に、給与振込の指定をしていただいているお客様に電話をかける（電話セールスといいます）としたら、「こういうトークで」というマニュアルがあります。それに従って話をすればよいのです。マニュアルにないリアクションがされた時などはまごつきますが、だんだん慣れてきます。

採用面接の際、あなたが「銀行に入ってしたいこと」としてアピールしたことは、営業活動を通して実現することだったはずです。どんな話をしたか、思い出してください。例えば、「地域の中小企業を元気にしたい」「お金のことで悩むお客様の相談に乗り、笑顔にしたい」といった話をしたのではないでしょうか。半分は、内定をとるために言ったことかもしれませんが、半分は本心から思ったことのはずです。目標数字を達成するのは大変ですが、それはそうした営業活動の結果、達成できるものであり、「やりがい」とセットになっているものです。

営業の方法は、実際に入行してからしっかりと教えてもらえますから、今は必要以上に心配しないで、ドーンと構えていてください。

Q24

ミスをした場合はどうしたらいいのでしょうか。

A すぐに申告し、ミスによる影響が最小限で済むように動きましょう。迷惑をかけた先輩・上司には謝罪し、二度と同じミスをしないようにしっかり反省している姿を見せれば、温かく見守ってもらえるはずです。

ミスをしたら、すぐにそのことを申告します。例えば、テラーから依頼された事務処理であれば、テラーに「ミスをしてしまいました」と報告し、「5分お時間をください」などと、正しい処理が完了するまでに要する時間を伝えます。テラーは必要に応じて、お客様に声かけし、お客様が「待たされた」と感じないような配慮をします。大切なのは、お客様を待たせないこと。待たせる場合には、待ち時間を伝え不満を感じさせないようにすることです。

ミスをしてしまうことは誰にでもあります。ましてや、新入行員がミスをしないということはありえません。先輩によっては、「新入行員の仕事はミスをすること」などと言ってくれると思います。たくさんミスをしても許されるのが新入行員です。ミスを恐れて「何回もやっていて、慣れている事務仕事だけをやる」とか、リスクを回避すべく「新しい仕事は避ける」という新入行員がいたとしたら、その人は考えを改める必要があります。仕事は、失敗して覚えるものです。

ですが、開き直ってはいけません。お客様が帰られた後、テラーに「ご迷惑をおかけし、すみませんでした」と心から謝罪しましょう。そうすれば、きっと励ましの言葉を返してくれるはずです。先輩たちは、自分も新入行員の時はいっぱいミスをして成長してきたので、新入行員がミスをするのは当たり前だと思っているものです。ですから、安心してください。

そのうえで、二度と同じミスをしないように、しっかりと反省します。

そういうあなたの姿を見て、心ある先輩たちは、「自分もこんな感じだったなあ」と初心を思い出し、あなたを応援してあげようと思うものです。銀行って温かい職場ですよ。

Q25

希望している部署に配属してもらうことはできるのですか?

A 銀行にもよりますが、最初は支店勤務になることが多いです。勤務地の希望は聞いてもらえると思いますが、本部などの部署に行くのは、最初の異動以降になります。

皆さんは、「こんな仕事がしたい」という希望を持って銀行に入ったと思いますので、希望する部署に配属されたいという気持ちが強いのは、よく分かります。

しかし、最初のうちは、与えられる仕事を必死でこなすことが成長につながります。自分のしたい仕事をえり好みするのではなく、与えられる仕事をともかくこなすことです。そうしているうちに、いろいろな仕事ができるようになっていることに気づきます。

例えば、「まちづくりがしたい」という希望があり、それを実現するために経営企画部に行きたいとします。しかし、その状態で経営企画部に行っても、基本的な銀行業務が分かっていませんし、地域にどんな企業があって、どんな経営者がいて、その経営者がどんなことを考えているのか、といったことも分かっていませんから、よい仕事はできません。しっかりと支店で経験を積んでから、経営企画部に行けば、そこにある企業や住んでいる人の顔が見えていますから、産学官民金の地方創生事業を通して、よいまちづくりの提案ができるかもしれません。

銀行にもよりますが、入行後は支店勤務になることが多いはずです。勤務地の希望は聞いてもらえると思いますが、希望する本部などの部署に行くのは次の異動以降になります。

最近は、県外店舗を多く持つ地方銀行が増えていますから、地元で仕事がしたくて地方銀行に入ったのに、県外で社会人生活をスタートさせる人もいます。しかし、そうした銀行は、進出している県の出身者も採用していることが多いので、希望を聞いてもらえる可能性はあります。

内定者の個人面談や、年が明けてからの内定者研修の際、希望の聞き取りをする銀行もありますから、その時に希望を言っておくとよいと思います。

Q26

社交性に自信がなく、お客様とうまく雑談ができるか不安です。

A　お客様との会話は、フリートークではなく、雑談にもマニュアルがあります。話すのが苦手なら「聞き上手」を目指すことで、自然と会話が上手になっていきます。心配しなくて大丈夫です。

お客様と楽しそうに会話をしているテラーの先輩も、最初からそんなことができたわけではありません。先輩たちもみんな、あなたと同じような不安を抱え、社会人生活をスタートさせています。

銀行に入ると、ロールプレイングの研修が頻繁にあります。2人一組となって、1人は銀行員役、1人はお客様役になって会話をするのです。

例えば、「定年を迎え、退職金の運用相談に来た60歳のお客様」といった設定で、会話のキャッチボールをしていきます。その際には、トーク例のマニュアルが与えられますので、それを見ながら会話の練習をします。「お客様がこう言ったら、こう返しましょう」というトークを「応酬話法」といいますが、そんなトークまで用意されています。

また、天気の話、「お身体、お変わりありませんか？」といった健康の話など、お客様が気軽に、気持ちよく答えてくれる切り出しトークもたくさんあります。フリートークをするわけではなく、雑談にもマニュアルがありますから大丈夫です。

話すのが苦手でも、聞くのは得意という人もいますね。お客様に気持ちよく話をしてもらうことで、気に入ってもらえることもあります。そうした経験を繰り返しているうちに、自然と会話ができるようになるものです。自信満々に「私は社交的な人間です」などと言う新入行員よりも、緊張し、ぎこちないながらも一生懸命、会話をしよう、話を聞こうとする新入行員にお客様は心を動かされるものです。

社交性がないと思っているあなたは、将来のあなたをみくびっている可能性があります。10年後のあなたは、お客様と楽しく会話をし、その中からニーズを発見し、セールスにつなげているはずです。

Q27

企業を育てる仕事がしたくて銀行を選びましたが、そうした部署に入れますか？

A　それはあなた次第です。やりたい仕事にふさわしい資格を取得したり、実績を残したりすれば、きっと希望する部署に入れるでしょう。あなたの努力を見てくれている人がいるのが銀行です。

まずは、焦らず、銀行員としての土台を作ってください。日本一高い富士山が、日本一長い裾野を持つように、いい仕事がしたければ、まずは基礎を固め、土台を作ることが大切です。

そのうえで、やりたい仕事にふさわしい資格を取得したり、実績を残したりすれば、きっと見てくれている人がいるのが地方銀行です。

例えば、社会保険労務士の資格を取り、支店での労務管理もしっかりできると評価されたうえで、「人事部で働きたい」と言えば、希望は叶いやすいはずです。あなたのように、「企業を育てる仕事がしたい」という場合は、中小企業診断士などの資格を取り、創業支援の融資や、補助金・助成金のアドバイスなどで実績を上げれば、営業推進部のコンサルティングチームといった希望の部署につけると思います。

銀行は、行員の希望を聞く機会を定期的に作っています。「今の部署に満足しているか」「今後、やってみたい仕事はどんなものか」と、具体的に申告してもらうのです。そこに、「企業を育てる仕事がしたい」「営業推進部に行きたい」などと書けば、人事にはその思いが伝わります。そのうえで、それまでの実績をアピールすれば、希望が叶う確率は高まります。

ですが人事部は、「その仕事をやりたいと思っているなら、させてあげよう」とは考えていません。あなたが希望しているということが分かったうえで、「その仕事をする能力がある」「その仕事を担当することで、大きく成長する」と考えたときに異動が叶います。ですから、あなたの頑張り次第なのです。

Q28

FP資格を活かした業務がしたいのですが、可能ですか？

A 可能です。支店のFPや、マネーアドバイザーなどと呼ばれる担当者であれば、高い確率でなれると思います。ただ、商品選定等を行う営業企画部などの配属を目指すのであれば、多くの努力が必要になります。

入行前にFP資格を保有しているというのは、たいしたものです。しかし、保有資格が2級FP技能士やAFPではライバルが多いかもしれません。最上位資格のCFP®を取得して、支店での預かり資産セールスに生かしていけば、きっと願いは叶います。

今、銀行は、行員のFP資格の取得に力を入れています。「CFP®を○人作る」という目標を公表している銀行もあります。「お客様のキャッシュフロー表を作り、安定的な資産形成を一緒に考えていく」といった営業が志向されており、それにはCFP®資格を取得している、知識とスキルのある行員が必要だからです。もし、そうした人材になっていれば、ＡＩに仕事を代替されることはないとも言われています。

希望する仕事を担当するためには、「私にはその仕事をする能力があります」というアピールをし、それを認めてもらう必要があります。

ただし、あなたの希望は、Ｑ27の「この部署に行きたい」というものとは違い、「この業務がしたい」ということですね。それであれば、支店のテラーでもいいでしょうし、支店ＦＰやマネーコンサルタント、マネーアドバイザーなど、銀行によって様々な呼び方をされている資産運用のアドバイスを行う担当者でもいいと思います。こうした形なら、高い確率であなたの希望は叶います。なぜならこの業務は、法人融資と並んで銀行業務の中核をなす業務であるからです。

また、長期・積立・分散投資を通して、安定的な資産形成を提案することは、今、銀行に課せられた大きなテーマです。資格に裏打ちされた知識・スキルを持ったうえで、使命感に燃えてその業務を担当してくれたら、銀行としても心強いです。

さらに経験を積んでいくと、推進部署である営業推進部の個人マーケット部門や、商品選定などを行う営業企画部署などを担当する可能性もぐっと高まります。あなたの希望はきっと叶います。

[著者紹介]
金指光伸（かなざしみつのぶ）

長年にわたり地方銀行に勤務し、採用業務も担当。
著書に『コンサルくんが行く！「リテール営業」相談日記』『お客様の心をつかむ　投信販売の使えるトーク60選』（ともに近代セールス社刊）がある。

内定ブルーをふきとばせ！
もうすぐ銀行員になる大学生の不安と悩みにこたえる本

2019年1月17日　初 版 発 行
2023年9月21日　第3刷発行

著　者　　金指光伸
発行者　　楠 真一郎
発行所　　株式会社 近代セールス社
〒165−0026　東京都中野区新井2−10−11
ヤシマ1804ビル4階
電話　(03)6866−7586
FAX　(03)6866−7596
装　幀　　今東淳雄(maro design)
編　集　　葛西沙緒里
印刷・製本　　株式会社暁印刷

ISBN978-4-7650-2127-2